CORRESPONDANCE
DE J.-H. BERNARDIN
DE
SAINT-PIERRE.

IMPRIMERIE DE J. TASTU,
RUE DE VAUGIRARD, N. 36.

CORRESPONDANCE
DE J.-H. BERNARDIN
DE
SAINT-PIERRE,

PRÉCÉDÉE

D'UN SUPPLÉMENT AUX MÉMOIRES
DE SA VIE.

PAR L. AIMÉ MARTIN.

*

Tome Second.

A PARIS,
CHEZ LADVOCAT, LIBRAIRE
DE S. A. R. LE DUC DE CHARTRES,
AU PALAIS-ROYAL.
*
1826.

CORRESPONDANCE

DE

J.-H. BERNARDIN
DE SAINT-PIERRE.

――――――――――――――――――――

N° 74.

A MONSIEUR HENNIN.

Monsieur et ami,

Vous m'avez promis de demander dimanche prochain à M. Lenoir, ce qu'il pense de l'affaire du prisonnier. Je vous en rappelle la mémoire, et je vous prie de savoir de lui ce qu'il aurait à craindre s'il se trouvait coupable, et à espérer s'il est innocent. Tâchez de savoir encore si on a fait des informations dans le pays, et si elles lui sont contraires ou favorables. Il m'est impossible de rien ajouter à sa défense, si on me cache les griefs qui peuvent survenir; s'il ne s'en présente pas de nouveaux l'innocence de l'accusé me paraît démontrée, car que serait-ce qu'une conjuration où il s'agit de la subversion d'une vaste province formée par un seul conjuré !

Souvenez-vous aussi de m'être utile dans la distribution des grâces du Roi. J'en ai grand besoin. Je compte plus sur votre service que sur les miens, quoique j'aie employé de tout mon pouvoir ma personne et ma plume, pour votre département. Je suis à l'emprunt, et je n'ai rien à attendre qu'au mois de février de l'année prochaine.

Si je ne suis pas aidé, je succomberai au milieu de mon travail, sans que ce que j'en laisserai puisse être d'aucune utilité, s'il n'est pas mis en ordre. Puisse le ciel en récompense des bons offices que vous m'avez promis, vous faire vivre un jour dans les pays fortunés que j'ai décrits. Si j'avais été assez heureux pour rassembler cent familles infortunées et les rendre aux lois de la nature dans quelqu'île de la mer du Sud, j'aurais préféré mille fois ma gloire à celle de Cortez.

On est toujours trop vieux pour faire le bien, mais on est toujours assez jeune pour le conseiller. Que m'importe? j'aurai présenté de beaux tableaux, j'aurai consolé, fortifié et rassuré l'homme dans le passage rapide de la vie.

La nature a un ensemble magnifique, et nos sciences ne nous en présentent que les débris. Nos académies ne recueillent que des phénomènes et des monstres qu'elles exagèrent. Si je peux montrer la douce chaîne de ces lois, j'aurai servi, ce me semble, la religion et l'humanité, en rendant l'empire à la Divinité, et à l'homme sa confiance.

Si je succombe au milieu de ces travaux entrepris parmi les maux, les orages domestiques, au moins j'aurai eu du plaisir à vivre, et j'en aurai encore à mourir. J'ai, suivant le conseil d'Horace, essayé long-temps ce que mes épaules pouvaient porter; je me suis exercé dans la solitude. J'ai esquissé des paysages étrangers, des mœurs qui ne sont pas les nôtres, et dans ces essais j'ai eu le plaisir de voir de beaux yeux me donner des pleurs. J'ai osé alors m'avancer jusque dans le temple de la Nature, et étudiant le langage dont elle parle aux hommes, j'ai emprunté tour à tour ce que ses illusions ont de plus touchant, et ce que sa sagesse a de plus lumineux.

Mes matériaux sont épars, j'attends un peu de bonheur pour les rassembler. C'est peut-être vous qui êtes destiné à opérer quelque révolution heureuse dans ma fortune, vous qui y êtes intervenu dans un temps de crise. Alors je voulais mourir pour ma patrie et je le voudrais bien encore s'il ne me paraissait plus utile maintenant de vivre pour elle.

Conservez – moi votre amitié, et votre santé. Usez d'exercice; si, dans quelques jours pluvieux de l'hiver, vous voulez vous distraire des troubles politiques, par la lecture de mes essais, je vous porterai quelques manuscrits; ils sont imparfaits, mais il y a des images qui ont intéressé. Je les ai négligés pour de plus importans que je ne communiquerai que quand je leur aurai donné la perfection dont je suis capable.

Assurez, je vous prie, Madame de mon respect, et soyez persuadé de la sincère amitié avec laquelle je ne cesserai d'être,

   Monsieur et ami,

      Votre, etc.

         DE SAINT-PIERRE.

A Paris, ce 28 octobre 1779.

N° 72.

A MONSIEUR HENNIN.

Monsieur et ami,

Je me suis proposé plusieurs fois de vous aller voir, mais comme je suis tombé dans la campagne il y a trois semaines, et que je ressens encore quelques douleurs au bras gauche, je ne me mets point en route que je ne sois attentif au temps et au chemin. Ce matin j'avais pris mon parti, mais j'ai trouvé le pavé si glissant que j'ai pensé que si je venais à tomber sur le bras droit, je serais tout-à-fait désemparé.

Si j'avais touché la gratification que vous m'avez fait espérer, j'aurais pris une voiture. Vous ne devez pas douter du plaisir que j'ai à vous voir; vous me faites bonne chère, vous me consolez, vous me rendez service, et dans le moment même je reçois une lettre de mon malheureux frère, qui se loue des bontés de M. Lenoir, dont je crois vous être redevable. Quand, ce matin, il m'a fallu retourner sur mes pas, j'ai bien senti la vérité du proverbe, que *l'or aplanit bien des chemins*. Le premier usage donc que je ferai de celui que j'attends de votre département, sera de l'employer à vous aller voir, quelque temps qu'il fasse. Vous serez le premier de mes besoins, car il n'y a point de chemise fraîche en été et d'habit chaud en hiver, qui me réjouisse autant que la vue d'un bon ami.

Présentez, je vous prie, mes respects à votre aimable compagne. Je souhaite qu'elle se trouve bien de Locke, mais c'est dans la nature plutôt que dans les métaphysiciens qu'on peut reposer son âme.

Je vous recommande particulièrement les minutes de mon Mémoire sur le Nord et de ma détention en Pologne.

Lorsqu'il vous plaira de rendre la paix aux quatre parties du monde, et que vous me jugerez propre à quelque emploi de bienfaisance, je quitterai volontiers les muses, la solitude et la liberté. Rien n'est égal au bonheur d'être utile, et si ce matin j'eusse pu imaginer que mon voyage eût adouci les maux de quelque être sensible, je l'aurais fait sur les pieds et sur les mains.

Agréez les assurances de considération et de respect avec lesquelles j'ai l'honneur d'être,

Monsieur et ancien ami,

Votre, etc.

De Saint-Pierre.

Ce 21 novembre 1779.

Hôtel de Bourbon, rue de la Madelaine.

On parle beaucoup de voleurs qui endorment les gens pour leur prendre leurs louis. Il court aussi quantité de fausse monnaie, des pièces de douze sous qui sont jaunes comme si on les eût dorées, des écus de six francs de plomb. J'ai vu l'autre jour à Neuilly fuir un larron à travers champs, après lequel tout le village criait. Je suis malheureusement forcé d'être tranquille sur tous ces événemens-là.

N° 73.

A MONSIEUR HENNIN.

Monsieur et ancien ami,

Vous devez bien juger que le mauvais temps m'empêche de vous aller voir, et que mes demandes ont besoin de réponse. Quelque étendue que soit votre correspondance, personne n'a plus de titres que moi aux marques de votre souvenir. Je vous ai fait part de ma situation comme à un ami, de mes services comme à un ministre, de mes travaux comme à un homme d'esprit, et vous ne répondez rien à mes lettres multipliées.

Si vous ne pouvez rien, renvoyez-moi mes minutes. Elles me serviront à me consoler en me rappelant que je n'ai rien négligé pour servir ma patrie et me conserver des amis.

Je ne voudrais pas, même avec un prince, d'une correspondance boiteuse. Il est bien fatal pour moi, que votre département soit le seul où on n'a jamais daigné répondre, ni à mes services, ni à mon amitié, ni à ma douleur.

J'ai l'honneur d'être avec une respectueuse considération,

Votre, etc.

De Saint-Pierre.

A Paris, ce 28 novembre 1779.

Hôtel de Bourbon, rue de la Madelaine.

N° 74.

※

A MONSIEUR HENNIN.

Monsieur et ami,

A Dieu ne plaise que je donne un instant de déplaisir à qui m'a porté seulement un instant de bienveillance. Je ne répondrai point à ce que vous me dites de mon *noir*, par rapport au pays que vous habitez et à vous-même. Il suffit à ma conscience que tous mes travaux n'aient pour but que le bien de tous les hommes et en particulier de ma patrie, et que j'aie eu le courage de m'abstenir de faire du mal même à mes ennemis quand j'en ai eu le pouvoir; comment donc ne me ressouviendrais-je pas de l'amitié dont vous m'avez donné de fortes preuves en plusieurs occasions et dernièrement au sujet de mon malheureux frère ! Mais plus notre amitié est ancienne, plus je suis fondé à m'inquiéter de son refroidissement, et à m'en plaindre.

La porte des espérances me reste donc entrebâillée, mais qu'il n'en soit pas ainsi de celle de votre amitié; je vous en prie; ne répétez pas non plus le mot dont un grand seigneur s'est servi pour m'éloigner de lui, et que tous ses agens et ses trompettes ont fidèlement retenu comme il était de leur devoir.

Vous leur êtes si supérieur par votre probité naturelle, il y a tant de malheureux, j'ai si peu de droits au-dessus de la foule, que vous n'aurez pas besoin d'imaginer de prétextes, ni d'adopter ceux des autres.

Je vous recommande mes minutes. S'il fait beau de dimanche en huit j'irai vous voir à Versailles, afin de revenir avec la lune.

Agréez, ainsi que Madame, les assurances

de la respectueuse considération avec laquelle j'ai l'honneur d'être,

Votre, etc.

De Saint-Pierre.

A Paris, ce 12 décembre 1779.

Vous me qualifiez d'ingénieur de la marine, et je ne l'ai jamais été. J'ai porté les paremens noirs, mais ne me donnez aucune qualité puisque je n'en ai plus.

N° 75.

✻

A MONSIEUR HENNIN.

Monsieur et ancien ami,

J'ai différé à vous écrire, parce que je comptais vous aller voir et vous souhaiter une bonne année; mais le temps est rude; il n'y a point de lune le soir; ma santé n'est pas des meilleures, et de nouveaux nuages ont obscurci ma vie.

Je mets ma confiance en Dieu, et je le prie, non pour la première fois, d'ajouter à votre bonheur les biens qu'il n'est pas en mon pouvoir de vous procurer, la santé, le contentement, les biens naturels, et cette paix qui se fonde sur lui et que les hommes ne sauraient troubler. Je souhaite autant pour le bonheur du genre humain que pour le vôtre, que vous procuriez la paix à l'Europe, et que vous ayez la gloire d'éteindre cet incendie qui embrase les quatre parties du Monde ; vous êtes au moins, par vos lumières et par votre place, à portée d'y contribuer, quoiqu'à dire la vérité, elle me paraisse à moi, ignorant, une des plus difficiles à concilier. Elle arrivera cependant un jour, mais à l'ordinaire, quand les deux partis seront ruinés. Je n'entrevois qu'un seul moyen, mais qui certainement ne paraîtrait bon qu'à moi seul. Cette difficulté se trouve nouée de tant de nœuds, qu'il semble qu'on a eu envie, non-seulement d'entrer en guerre, mais de n'en jamais sortir. Il en faut revenir à la pensée d'Épictète : Quand les hommes, *dit-il*, sont heureux, ils n'imaginent pas qu'ils puissent jamais cesser de l'être ; et quand ils sont tombés dans quelque grande calamité, ils ne voient pas par où ils en pourront sortir. Cependant l'un et l'autre arrive, et les dieux l'ont ainsi ordonné, afin que les hommes sachent qu'il y a des dieux.

Excusez mes réflexions de vieille politique; n'oubliez pas, je vous prie, de me renvoyer mes Mémoires, qui vous sont certainement bien inutiles. Si j'avais à les refaire, ce serait vous que je voudrais consulter sur la Prusse et la Pologne, que je n'ai parcourues qu'en voyageur.

Mes respects et mille vœux de félicité à Madame votre épouse, et à tout ce qui vous appartient.

Je suis avec reconnaissance et une respectueuse considération,

Monsieur et ancien ami,

Votre, etc.

De Saint-Pierre.

A Paris, le 9 janvier 1780.

N° 76.

✻

A MONSIEUR HENNIN.

Monsieur et ancien ami,

Vous m'avez tout-à-fait oublié; vous n'avez point répondu à mes lettres de la nouvelle année. Je vous ai redemandé mes minutes; vous ne me les renvoyez pas; ce sont des matériaux qui me sont de la plus grande utilité, et qui doivent vous être à présent très-indifférens.

Le mauvais temps et le défaut d'argent m'empêchent de vous aller voir; j'ai été occupé à faire ces jours-ci un long Mémoire pour me disculper de quelques torts que mes amis me donnaient. Je l'ai envoyé à madame Necker, qui m'a répondu la lettre la plus obligeante, en m'annonçant que ma gratification était assurée, ce que j'entends pour toute ma vie, et en m'offrant ses bons offices auprès de M. Necker. Mais jusqu'ici rien n'a changé à ma situation. Je ne saurais me flatter de l'espérance d'aller m'établir à la campagne, où je trouverais le repos et l'aisance nécessaires à mes occupations.

J'espère que vous ne différerez pas plus long-temps de me donner de vos nouvelles et à me renvoyer mes minutes, le seul fruit que j'ai recueilli de mes laborieuses campagnes du Nord.

Je suis avec une respectueuse considération,

Votre, etc.

DE SAINT-PIERRE.

A Paris, le 5 février 1780.

N° 77.

✻

A MONSIEUR HENNIN.

Monsieur et ancien ami,

Je suis bien touché des démarches inutiles que vous avez faites pour me servir auprès de M. le comte de Vergennes. Vous ne l'avez pas trouvé, me mandez-vous, disposé à me distinguer du nombre des personnes qui ont été en Pologne. Quelques considérations auraient pu l'éclairer, ce me semble :

1°. J'ai été le premier officier français qui se soit jeté dans le parti polonais protégé par la France;

2°. Je suis le seul qui l'ait fait gratuitement ; j'ai refusé même le brevet de colonel de la confédération que me proposa la princesse M..... Je ne voulais de récompense que de ma patrie ;

3°. Je risquais infiniment, puisque le parti où je me jetais était traité de rebelle par les Russes, du service desquels je sortais. C'est chez eux un crime d'État de passer de leur service à celui de leurs ennemis. Ils exigent même de tout officier qui prend congé, un serment à ce sujet. La bienveillance du président de la guerre, M. le comte Schernichef, et l'amitié de mon supérieur, M. de Villebois, grand-maître d'artillerie, m'avaient épargné cette formule ; mais en tombant entre les mains des Russes, comme il est arrivé, je n'en risquais pas moins la Sibérie ;

4°. Quelques menaces qu'on m'ait faites dans ma prison à Varsovie, je n'ai jamais voulu charger, ni vous, Monsieur, ni M. le comte de Mercy, d'avoir concouru, par des conseils ou des promesses, à me faire faire cette démarche, quoique les interrogatoires eussent pour but de m'arracher cet aveu. J'ai pris toute la démarche sur mon compte, afin

de ne pas troubler le repos des ministres de
France et de l'Empire;

5°. Vous me promîtes que ma conduite serait récompensée en France. M. le comte de Mercy m'assura que soit à Vienne ou à Versailles, j'obtiendrais honorablement du service. Cette promesse me fit entreprendre à grands frais et fort inutilement le voyage de Vienne;

6°. Je suis resté endetté des frais même de cette expédition; et, ce qui paraît incroyable, à vous, Monsieur, ministre du Roi, à vous aujourd'hui un des chefs des affaires étrangères, tandis que tous ceux qui ont couru cette carrière, ont été payés, récompensés ensuite, et s'y jetaient à bien moins de risques.

Je n'ajouterai rien sur ma position actuelle. Les ministres sont impassibles. J'avouerai toutefois que des hommes plus méritans que moi, ont éprouvé de plus grandes injustices de leur patrie; mais jamais cela n'est arrivé sous des ministres qui eussent une réputation d'équité.

Renvoyez-moi, je vous prie instamment, les matériaux de mes Mémoires; si la postérité s'en occupe, elle y verra que, dans ce siècle, on y parlait beaucoup de vertu, de patriotisme, d'héroïsme, et elle saura quel était le sort de ceux qui, sans cabale et sans intrigue, cherchaient à bien mériter des hommes.

Je suis avec une respectueuse considération,

Monsieur et ancien ami,

Votre, etc.

De Saint-Pierre.

A Paris, ce 23 février 1780.

Comme je n'attends plus rien des affaires étrangères, c'est à mon ancien ami que je m'adresse pour m'obtenir de M. d'Angivilliers un petit logement à Madrid, à Meudon, ou dans quelque forêt qui appartienne au Roi. J'ai à mettre en ordre des matériaux fort intéressans, et ce n'est qu'à la vue du ciel que je peux recouvrer mes forces. Je préférerais une charbonnière à un château. Obtenez-moi un trou de lapin pour passer l'été à la campagne; e Roi loge les serviteurs de ses serviteurs. Je brûle de le servir; mais toutes les places sont prises.

Mes respects à madame Hennin et à ses amis.

Après les peines inutiles que vous prenez depuis deux ans pour m'obtenir quelque gratification des affaires étrangères, vous devez juger que j'ai quelque ennemi secret auprès de M. le comte de Vergennes. N'usez donc pas davantage votre crédit pour moi. M. du Rival m'a dit, il y a un an, que ma demande était juste. M. de Rheineval a parlé aussi en ma faveur. Vous avez fait vous-même un Mémoire. M. le comte de Vergennes a accordé des récompenses à des personnes qui n'avaient ni les mêmes titres ni les mêmes amis. Que voulez-vous de plus? Il n'a même daigné répondre ni à mes lettres ni à mes Mémoires! Je vous prie instamment de me renvoyer mes papiers, et que mon nom soit à jamais oublié dans un département dont l'équité règle la balance de l'Europe.

N° 78.

✻

A MONSIEUR HENNIN.

Monsieur,

S'il fait beau dimanche prochain, je compte aller à Versailles et rapporter mes Mémoires sur le Nord; je vous prie donc de les faire collationner, s'ils ne l'ont pas été, parce qu'ils me sont d'une nécessité absolue.

Je vais cesser toute espèce de sollicitation, pour mettre en ordre une partie de mes travaux. Si je n'ai pas l'esprit content, au moins qu'il ne soit pas troublé.

Je vous prie donc, Monsieur, de ne plus

différer à me rendre mes matériaux, et si le mauvais temps m'empêchait de partir dimanche, de vouloir bien me les renvoyer par la poste.

Vous obligerez celui qui a l'honneur d'être, avec une respectueuse considération,

  Monsieur,

    Votre, etc.

      De Saint-Pierre.

A Paris, ce 12 avril 1780.

N° 79.

A MONSIEUR HENNIN.

Monsieur et ami,

Je viens d'envoyer à M. le comte de Vergennes un long Mémoire. Des amis m'ont conseillé de le rendre public; je me flatte d'y avoir répondu à ses objections, et je ne doute pas qu'il ne me fasse une réponse favorable, s'il a pour moi une portion de cette équité qu'on lui attribue. C'est la dernière tentative que je veux faire auprès de lui; j'espère que vous n'y refuserez pas vos bons offices.

Je vous souhaite toute sorte de prospérité.

Il faut de nécessité qu'il se fasse bientôt une révolution dans ma fortune : elle ne peut être plus mauvaise.

Agréez les assurances d'amitié et de considération respectueuse, avec lesquelles j'ai l'honneur d'être,

Votre, etc.

DE SAINT-PIERRE.

A Paris, ce 22 mai 1780.

N° 80.

A MONSIEUR HENNIN.

MONSIEUR ET AMI,

La personne qui a transcrit mes Mémoires, l'a fait si précipitamment, qu'il y a dans ce que j'ai collationné des omissions et des fautes très-fréquentes : ce sont des lignes entières oubliées. J'ai voulu d'abord les marquer au crayon, mais ce moyen est insuffisant. Il faut y employer la plume, et alors cette copie deviendra un véritable brouillon qui ne pourra servir à personne. La relation de ce qui m'est arrivé en Pologne n'y est pas. Voyez donc ce que vous voulez que je fasse. Forcé de vous dire la vérité, je serais très-fâché que ce Mémoire, qui a porté bonheur à deux personnes aux affaires étrangères, occasionât la plus légère réprimande à votre secrétaire. Je vous prie donc de ne lui en pas même parler, mais si vous voulez que je le rétablisse suivant la minute, il faut vous résoudre à le voir raturer toutes les six ou sept lignes. C'est un travail assez désagréable que je ferai si vous le désirez. Il paraît que l'intention du copiste a été, dans beaucoup d'endroits, d'abréger ou de réformer mon style; peut-être a-t-il eu raison, mais il en résulte que ce n'est plus une copie de mon ouvrage. Si tel qu'il est vous en êtes content, je n'y toucherai point, mais si j'y touche il faut que je le rétablisse avec mes propres fautes. Encore une fois je vous conjure de n'en rien dire à votre secrétaire; que je ne sois pour personne un sujet de mécontentement. Dieu me préserve de nuire aux faibles, mais qu'il me donne la force de résister aux puissans? Pourquoi ne répandrais-je pas dans le public mon Mémoire à M. le comte de Vergennes? Ne dois-je pas payer mes dettes? Ne dois-je pas chercher des protections lorsque tout m'abandonne ? En joignant ce Mémoire à celui que j'ai adressé à madame Necker, je couvrirai mes ennemis de confusion; ils ont répandu sur moi les plus viles calomnies. Leur nombre et leur crédit ne m'effraient pas. Peut-être, du sein de cette grande et ancienne noblesse, quelque ame généreuse prendra ma défense. Puisque les raisons sont nulles auprès de M. le comte de Vergennes, puisqu'il ne pèse que les protections, je réclamerai celle à qui j'ai sacrifié ma vie et mes travaux, la patrie. S'il est encore des gens de bien, je les aurai pour moi ; leur voix portera la mienne jusqu'au trône. Quel conseil me donnez-vous ? de garder le silence. Un prisonnier à l'inquisition force son juge à parler lorsqu'il est parvenu à découvrir son accusation, et le mien se tait lorsque je lui expose mes services ; il suffit de son silence pour justifier mes réclamations.

Le temps s'écoule, ma vie s'avance, j'ai beaucoup travaillé, et je n'ai rien. Au moins que je recueille les débris de mon patrimoine dispersé, non dans des plaisirs, mais dans des courses patriotiques et dangereuses ; que je paie mes dettes, que les amis qui m'ont obligé retrouvent au moins dans ma conscience les espérances qu'ils avaient fondées sur ma fortune; que je leur rende, en hommages publics, les secours dont ils m'ont aidé lorsque la patrie m'abandonnait, et qu'ils connaissent que si je n'ai pu les payer, la faute n'en est ni à ma conduite, ni à mes services, ni à mes travaux, mais à la corruption du siècle où je suis né.

Vous ne voulez pas que je vous donne de considération et de respect. Vous êtes mon ami, dites-vous. Quand je vous ai connu vous étiez ministre du Roi, c'est encore à ce titre que je vous réclame. Je m'acquitte par mon respect de ce que je vous dois comme ministre, et par ma confiance, de ce que je vous dois comme ami. Que pouvez-vous à votre tour exiger de moi dans cette affaire, si ce n'est que je demande justice au ministre ou à la patrie?

Je suis, Monsieur et ami, avec une respectueuse considération,

   Votre, etc.

    De Saint-Pierre.

A Paris, le 30 mai 1780.

N° 84.

✱

A MONSIEUR HENNIN.

Voici le temps, Monsieur et cher ami, où vous m'avez promis de faire quelque chose pour moi. Faites-moi donner des marques de cette préférence et de cette faveur que le Roi me doit, dites-vous. Trouvez-moi un emploi honnête et à ma portée qui me donne de quoi vivre. Jusques à quand des amis puissans, à force de m'estimer, ne me jugeront-ils bon à rien, et mes ennemis auront-ils trouvé le moyen de me perdre en disant du bien de moi! L'imprudence de mon frère serait-elle un obstacle à ma fortune, lorsque la vie que j'ai menée ne peut effacer la suite de son étourderie! J'ai écrit en sa faveur un nouveau Mémoire à M. le marquis de Castries, qui ne m'y répond point.

Envoyez-moi en Angleterre, afin que je travaille à planter l'arbre de la paix. C'est la main des ambassadeurs qui le dresse, mais il faut des pionniers.

Je vous envoie une tête de Domitien, non pas comme une bonne médaille, mais comme un ressouvenir. Sous ce prince j'eusse supporté mon sort, je m'en serais plaint sous Titus.

Agréez mes vœux pour votre bonheur et celui de votre famille, et les assurances d'attachement et de respect avec lequel j'ai l'honneur d'être,

Monsieur et ami,

Votre, etc.

De Saint-Pierre.

A Paris, ce 1er novembre, 1780.

N° 82.

✻

A MONSIEUR HENNIN.

Je vous ai écrit il y a une quinzaine de jours, vous ne me répondez point; le mauvais temps et la mauvaise fortune m'empêchent de vous aller voir.

Vous jugerez de ma position par un Mémoire écrit, il y a un an environ, à madame Necker pour me disculper des imputations mises en avant contre moi par son mari même. Elle me répondit d'une manière si obligeante que je la priai d'engager M. Necker à me trouver dans la finance un vide que je fusse propre à remplir, où qu'il m'obtînt une concession dans les domaines du Roi pour y établir en forme de colonie quelques pauvres familles de paysans. On ne me répondit rien.

On m'avait appris encore que j'avais conservé ma gratification d'*une manière miraculeuse*, et comme on me conseillait de courir dans toutes les antichambres, de solliciter les uns et les autres, et de ne pas perdre courage, je répondis que si je faisais tout ce qu'on me disait là, je croirais l'avoir perdu.

J'ai tâché autrefois de gagner l'amitié de M. Necker, en allant souvent chez lui; je n'ai pu y réussir. Je conserverai son estime en n'y allant plus du tout.

Mon frère a mis le comble à mes maux. Irrité par ses malheurs, il m'a dit des choses si cruelles, que je suis bien déterminé à ne le revoir jamais, ni dans la Bastille ni dehors. J'ai cependant travaillé depuis à sa liberté, et je le ferai encore, par religion et non par affection.

Renvoyez-moi ce Mémoire avec sa réponse sur-le-champ. Je confie une partie de mes peines à votre amitié de seize années, et à la probité de toute votre vie. Je vous cache le reste, mais si vous vous éloignez de moi, sachez que je n'ai plus rien à attendre d'aucun homme.

Je suis avec une amitié constante,

Votre, etc.

De Saint-Pierre.

A Paris, ce 11 novembre 1780.

N° 83.

✻

A MONSIEUR HENNIN.

Voici la troisième fois que je vous écris depuis quinze jours. Je craignais que vous ne fussiez malade, on m'a assuré que vous vous portiez bien.

Je vous prie instamment de me renvoyer mon Mémoire, la mauvaise saison ne me permet pas de l'aller chercher. J'ai besoin de réunir, sans distraction, toutes les forces de mon esprit sur les objets dont je m'occupe.

Pourquoi attendrai-je désormais quelque chose des hommes? La même main qui depuis tant d'années me fait subsister sur le bord des précipices, ne saura-t-elle pas m'y soutenir ? Je vous demande en grâce de me renvoyer sur-le-champ mon Mémoire, je l'ai confié à votre amitié.

Je suis avec une respectueuse considération,

Monsieur,

Votre, etc.

DE SAINT-PIERRE.

A Paris, ce 17 novembre 1780.

N° 84.

A MONSIEUR HENNIN.

Je viens de mander au ministre qu'il m'était impossible d'accepter une aumône de son département. Je trouverai toujours dans mon cœur et dans l'estime de mes amis la récompense qu'il me refuse et qu'elle me ferait perdre. Je suis bien étonné, Monsieur, que vous ayez été *de l'avant*, puisque je vous avais assuré que je n'accepterais rien sur les fonds destinés aux pauvres gens de lettres. Je vous l'avais dit plusieurs fois.

Dans tout ceci je ne suis fâché que de la démarche que vous venez de faire, contre ma volonté toutefois; cependant je pense que tout le monde sera content, et que puisqu'on a eu tant de peine à faire sortir de votre caisse une gratification de trois cents livres, on aura un grand plaisir à l'y voir rentrer.

Je suis avec une considération respectueuse,

Votre, etc.

De Saint-Pierre.

A Paris, ce 1er décembre 1780.

N°. 85.

✻

A MONSIEUR HENNIN.

Je ne m'aviserai pas d'entrer en négociation avec vous. Pour répondre à M. Hennin à Versailles, je me réfère à M. Hennin, ministre du Roi en Pologne. Je vous observerai cependant que M. du Rival, lui-même, est convenu qu'on me devait des dédommagemens que vous lui aviez fixés au rabais à une pension de 600 livres, qu'enfin vous m'aviez assuré qu'on me devait préférence et protection.

Je suis sensible à la démarche que vous vouliez faire auprès de M. le marquis de Castries, elle m'honorera ; mais, je vous prie, ne déterminiez pas ses bienfaits. Il est probable que s'il me fait du bien, il me donnera plus qu'une pension de cent écus. Je viens de lui envoyer le Mémoire de mes services avec la promesse de nouveaux Mémoires plus universellement intéressans. D'ailleurs n'est-ce donc rien que des observations telles que si on y eût fait attention, Pondichéry serait encore à nous ?

Je vous prie d'observer que je ne suis plus rien et que je n'ai jamais été ingénieur de la marine, mais capitaine ingénieur du Roi aux colonies, portant l'uniforme et jouissant de tous les priviléges des ingénieurs ordinaires de Sa Majesté, à l'exception des appointemens qui montaient pour eux à 5,500 livres, tandis que je n'avais que cent louis par une injustice prouvée et contre laquelle je réclame ainsi que pour d'autres dédommagemens.

Quant à la gratification de 300 livres que vous m'avez annoncée, vous avez oublié, Monsieur et cher ami, que vous m'avez dit et écrit qu'elle était prise sur les fonds destinés à aider *les gens de lettres*, et en dernier lieu que M. le comte de Vergennes, *touché de ma position*, me l'avait accordée.

Si mes malheurs m'avaient abattu le courage au point de demander l'aumône, je l'accepterais de la main respectable de M. le comte de Vergennes ; mais lorsqu'il s'agit d'une action qui fut noble et généreuse, la récompense doit l'être.

Si, comme vous me le mandez dans votre dernière, cette gratification m'est *offerte et annoncée comme un bienfait du Roi, qui m'est honorable*, toute modique qu'elle est, seize ans après l'événement, je l'accepte avec gratitude et reconnaissance. L'annonce d'un ministre vertueux y ajoutera en qualité ce qui lui manque en quantité.

Si elle ne m'honore, il m'est impossible de la recevoir; mais à cette condition je vous en remercie comme ministre, et je vous prie, comme ami, de la changer en un bon de finance payable à Dieppe, afin que je l'adresse à ma sœur pour lui faire des chemises et à moi aussi ; que cette lettre d'annonce ne me parle ni de *situation*, ni de *position*, c'est mon affaire à moi. Ma sensibilité ne peut avoir offensé le juste M. le comte de Vergennes. Il est le premier des ministres existans que j'aie offert de servir à plusieurs reprises. Je ne pouvais pas lui prouver autrement mon estime, mais ce n'est pas ma faute, s'il n'emploie que des gens de qualité.

Quant au ton dont vous paraissez vous plaindre, vous me l'avez bien rendu. Je n'ajouterai rien sur les maximes ministérielles de votre lettre. Tout ce que je peux dire, c'est que je suis forcé pour vous aimer de distinguer deux hommes en vous, le ministre et mon ami; tandis que je parle à cœur ouvert avec l'un, je suis obligé de dissimuler avec l'autre. J'ai observé toutefois que l'ami l'emporte à la fin. La quatrième page m'a fait plaisir tandis que les trois autres m'avaient affligé. Ce sont ces observations qui m'attachent inviolablement à vous. Ce sont ces marques d'amitié cordiale qui sont le contre-poison des sentences ministérielles.

Je suis avec un sincère et inviolable attachement,

Monsieur et ami,

Votre, etc.

De Saint-Pierre.

A Paris, le 4 décembre 1780.

Je vous prie de ne pas comprendre dans les 600 livres de pension que vous m'aviez fait espérer, la récompense que je suis fondé à demander à la marine. Si M. le marquis de Castries me veut du bien comme j'ai lieu de le croire, pensez-vous qu'il ne me donnera pas au moins la retraite de capitaine ingénieur qui est beaucoup plus que 300 livres? Savez-vous bien encore que j'ai des demandes à faire à la guerre, et quand je réunirais toutes ces économies de bouts de chandelles, et que je me ferais un millier d'écus de revenu, croyez-vous que ce serait une grande fortune pour un homme qui a tant voyagé, qui a passé sa jeunesse à travailler? Quel est celui qui à mon âge, après tant de travaux et une vie, j'ose le dire, très-régulière, n'a pas un capital et un revenu honnête? et moi j'ai des dettes.

O bizarrerie des choses humaines! de quatre départemens, j'en ai servi trois qui ne m'ont encore rien donné, c'est la finance pour laquelle je n'ai rien fait qui m'a nourri!

Vous me direz peut-être: Mais vos ouvrages vous rapporteront; d'abord si je n'ai pas un pré sur lequel je puisse débrouiller toutes mes feuilles il me sera impossible de m'y reconnaître. De plus, quand il en sortirait un ouvrage aussi beau que Télémaque ou l'Énéide, quel est le ministre qui le paierait comme sorti de son département ! Ce ne sont pas les libraires non plus. Un in-douze qui aurait coûté toute la vie d'un homme et qui aurait été inspiré par le génie d'Homère, n'est pas payé plus de 2,000 livres. Mais n'ai-je pas encore une malheureuse sœur à aider ? et si moi-même je voulais me marier ! Rentrez donc en vous-même et ne vous mettez pas au nombre des amis de Job.

N.° 86.

✼

A MONSIEUR HENNIN.

Je ne suis plus inquiet de ma gratification, mais de votre amitié. J'ai répondu il y a huit jours à l'offre que vous m'avez faite de la recevoir, comme un bienfait honorable du Roi; je l'ai acceptée, et vous gardez le silence.

J'ai dans toute cette affaire examiné ma conduite, et je ne saurais m'en repentir. Nourri par les bienfaits du Roi, j'ai éprouvé plus d'une fois, ou en en recevant l'annonce, ou en allant les toucher, qu'ils ne sont pas toujours honorables. Les philosophes en étaient si persuadés qu'ils ne m'ont pas dissimulé que cette ressource était humiliante; mais contraint par la nécessité j'ai baissé la tête et je me suis rappelé que Virgile, qui valait mieux que moi, avait été long-temps nourri de pain par Auguste.

Ce secours cependant est établi sur un fonds plus honorable que celui que vous m'avez annoncé. D'ailleurs je n'y avais aucun droit. J'ai cherché plus d'une fois à manger le pain de mes services, mais en vain; la Providence semblait avoir élevé au ministère des hommes dans la société et l'estime desquels j'avais vécu, afin qu'ils pussent me secourir : ils m'ont négligé dès que le tourbillon de l'ambition les a environnés. Leur chute rapide, et j'ose dire, leur mauvaise foi m'a convaincu que la puissance des grands n'est qu'un fragile roseau qui perce souvent la main de celui qui s'appuie dessus.

J'étais dégoûté de la grandeur lorsque l'amitié m'a rappelé vers la fortune. Vous êtes venu aux affaires étrangères. Après de longues sollicitations vous m'aviez annoncé un nouveau secours sur les fonds destinés à *aider les gens de lettres*, et accordé par M. de Vergennes, *touché de ma position*. Je n'ai pu voir de sang-froid l'action la plus désintéressée, la plus dangereuse, la plus honorable de ma vie m'apporter un pareil fruit. Dans cette disposition d'esprit, j'ai pu manquer à la forme, mais j'ai eu raison quant au fond. Est-ce là, Monsieur, à quoi aboutissent les promesses que vous et M. de Mercy m'aviez faites en Pologne? est-ce là le prix de mon dévouement? Je ne parle pas du don, mais de la manière de le présenter. Quoi qu'il en soit, avant d'envoyer mes réponses, j'ai consulté des gens très-sages, dont deux vivent des bienfaits du Roi, un digne religieux, un chevalier de Saint-Louis, très-respectable militaire, un savant célèbre de l'Académie (ce n'est point M. Guettard), tous trois m'ont approuvé. Vous m'avez offert ensuite ce secours, comme *un bienfait honorable du Roi;* je l'ai accepté alors avec reconnaissance, mais vous ne me répondez plus.

Sans doute M. le comte de Vergennes est fâché. Il s'est offensé de ce qui aurait dû me mériter son estime, car qu'ai-je ambitionné dans tout ceci, sinon d'être honoré par lui, comme j'avais cherché à honorer son département. Quelque pressante que soit ma position, j'ai préféré à tout une lettre de satisfaction et de bienveillance de sa main, et j'ai méprisé l'argent qui n'en était pas accompagné; d'autres, à ma place, ont eu des emplois honorables, des croix de Saint-Louis, de riches pensions. Je bornais toute mon ambition à une lettre d'estime d'un ministre vertueux. Je ne demande plus rien. La démarche qu'on m'a fait faire auprès de M. le marquis de Castries sera sans doute aussi vaine. Encore une fois, Monsieur, je ne demande plus rien aux hommes, je ne connais que trop que les motifs qui les déterminent à récompenser sont tout différens de ceux qui m'ont déterminé à agir; je n'ai point, comme vous le dites, l'usage du monde.

Restons donc dans notre solitude. Aussi bien ma santé y concourt avec ma fortune. J'ai un gros rhume; pour me dissiper, je reçois une lettre de la Bastille où mon frère m'accuse de m'être rangé *du côté de ses bourreaux*.

Vous vous êtes plaint du ton que j'ai pris avec vous. Je peux en cela avoir eu tort. Mais vous m'avez invité vous-même, Monsieur, à vous écrire comme un bon et ancien ami;

4*

j'ai pu, en prenant le ton de la plaisanterie et de la familiarité, oublier que je parlais à un ministre; vous n'avez point d'ailleurs à vous plaindre de moi. Dans la nécessité où j'ai été de communiquer quelquefois mes Mémoires et vos lettres, plus d'une fois on m'a dit qu'il n'avait tenu qu'à vous de me faire rendre justice d'une manière honorable, et on a poussé la chose jusqu'à dire que vous ne vous étiez pas occupé de moi en ami. J'ai répondu toujours affirmativement, par le ton même de cordialité de vos lettres; par les agrémens de société que vous m'avez procurés en Pologne, et par les services de bureau que vous m'avez rendus dans l'affaire de mon malheureux frère. Vous n'avez donc point à vous plaindre de moi ni à être fâché, je ne le suis contre personne. Cette action me restera pure et nette. J'ai trouvé si rarement l'occasion de témoigner quelque vertu, et la fleur m'en a paru si belle, que j'ai craint de la flétrir; vous m'avez en dernier lieu répété tant de fois que votre département ne me devait rien à ce sujet, que j'en suis bien convaincu.

Je n'ai point demandé à M. le comte de Vergennes à servir un prince étranger, mais à aller servir la France et travailler à la paix auprès de lui. En cela j'étais séduit par la satisfaction de concourir au bonheur général, par l'amitié des hommes puissans auprès de ce prince, et par les moyens que j'avais imaginés de me rendre agréable. Tout cela au fond me paraissait, vu le cours des choses politiques, d'une grande frivolité. Mais je savais que Dieu se sert souvent des plus petits moyens pour élever ou renverser les puissances.

J'ai l'honneur d'être, Monsieur, avec une respectueuse considération,

Votre, etc.

De Saint-Pierre.

A Paris, le 14 décembre 1780.

Vous me devez par votre réponse une explication de ce nouveau changement et une fin à cette longue et malheureuse sollicitation. Votre silence serait la pire de toutes.

N° 87.

A MONSIEUR HENNIN.

Hier j'ai reçu la gratification de trois cents livres avec une peine secrète, quand je n'ai pas vu de lettres d'annonce. Cet argent n'est pas encore à moi.

M. le comte de Vergennes, en m'envoyant ce bienfait du Roi, voudrait-il en ôter la grâce? peut-être est-ce un oubli. Tirez-moi de ma perplexité, j'attendrai trois jours. De toutes façons je dois lui écrire et je ne saurais supporter l'idée de l'avoir irrité.

C'est là sans doute ce que vous deviez me dire qui doit me faire de la peine. La seule chose qui jusqu'ici m'ait été agréable est l'amitié et la chaleur que vous avez mise à me servir. J'en suis infiniment touché, mon cher ami, j'ai senti votre position, ce sentiment suffirait pour détruire tout projet qui pourrait vous occasioner quelque désagrément. Je veux me laisser conduire par vous.

Je suis avec reconnaissance,

Monsieur et cher ami,

Votre, etc.

De Saint-Pierre.

A Paris, ce 17 décembre 1780.

Je ne veux pas donner trop d'importance à mon événement de Pologne qui n'a été pour vous d'aucune utilité ; mais il est constant qu'il a de toute manière dérangé ma fortune, vous en jugerez par ce trait : quand je publiai ma relation de l'Ile-de-France, j'en envoyai un exemplaire à l'impératrice de Russie : il y a un endroit où je fais son éloge. J'étais alors poussé et porté par tout le vent des philosophes qui étaient dans sa faveur. Elle m'avait donné en entrant à son service des marques personnelles de distinction, car je lui fus présenté; elle me parla et me fit parler en plusieurs occasions, mais enfin elle n'a rien répondu à mon présent. *Manet altâ mente repostum.*

N° 88.

✳

A MONSIEUR HENNIN.

Monsieur et ami,

Recevez mes complimens de bonne année. Je comptais vous les faire de vive voix ainsi qu'aux ministres, mais vous avez oublié de prévenir votre ami qui devait me prendre dans sa voiture; il n'y a pas grand mal. Je suis si peu de chose dans le monde qu'on ne s'apercevra pas que je manque à Versailles. Je viens d'écrire à M. le comte de Vergennes ces quatre lignes :

« Monseigneur, je ne vous souhaiterai pour

la nouvelle année ni grandeur, ni fortune, ni rien de ce que les hommes peuvent donner, mais les présens du ciel, la santé, le contentement et la paix. Il n'y a que les bienfaits de Dieu qui soient purs et sans mélange.

» Je suis, etc. »

Il y a des momens où son argent m'empêche de dormir. Enfin il est équitable, il reviendra; vous le ramènerez, vous devez vous souvenir sous quelles conditions j'ai accepté cette gratification. Il n'est pas permis à un officier de reconnaître les bienfaits du Roi, où manque la main du ministre; il ne lui est pas permis d'en recevoir d'autres que de son prince. Le baron de Breteuil peut vous dire qu'à deux fois consécutives j'ai refusé de lui cent louis sans qu'il s'en soit formalisé.

J'ai tâché de finir l'année, par quelques bonnes œuvres. J'ai été voir le prisonnier, quoique j'eusse pris une résolution contraire; mais il vaut mieux manquer à sa parole qu'à la charité. Croiriez-vous qu'il m'a dit que si j'avais beaucoup travaillé pour lui dans mes Mémoires, lui de son côté m'avait recommandé dans les siens, et ce qu'il y a de plus plaisant, c'est qu'on lui a dit que j'aurais lieu d'être content de l'emploi qu'on me donnerait. S'il y a dans tout ceci des choses qui m'attristent par la tournure de son esprit, j'ai lieu d'être très-satisfait de l'honnêteté du gouverneur et de tous les officiers. J'admire les ressources de l'esprit humain dans le malheur, comme il se forme d'heureuses chimères, comme il les fortifie d'adages et d'exemples de toutes espèces présentés avec tant de vraisemblance, que celui qui se croit le plus sensé doute quelquefois s'il ne déraisonne pas lui-même. Il en résulte que le plus malheureux n'est pas toujours le plus misérable.

Recevez mes vœux d'amitié pour votre prospérité privée et publique, pour la santé de toute votre maison. Je vous prie aussi de rappeler mon souvenir à madame votre épouse et à son amie madame Tronchin.

Je suis avec une sincère amitié et une respectueuse considération,

Monsieur et ami,

Votre, etc.

DE SAINT-PIERRE.

A Paris, ce 31 décembre 1780.

N° 89.

A MONSIEUR HENNIN.

Monsieur et cher ami,

Si j'avais eu dimanche au soir encore une demi-lieue de plus à faire, je serais resté en chemin. Le soir j'eus en me couchant un frisson de fatigue, huit lieues dans un jour sont trop; j'en ai été incommodé deux jours, je ne pouvais poser les pieds sur le pavé. Si M. de La Frange peut me prendre dimanche matin, vous épargnerez ma bourse ou ma santé, en l'engageant à me rendre ce service.

Songez aux réponses ministérielles que vous me devez. Si vous voyez M. de Mars avant moi, ne déterminez pas les bienfaits de la marine. Je lui ai écrit une lettre d'honnêteté où je lui mande que j'ai été d'autant plus fâché de ne le pas voir dimanche dernier, que vous m'aviez dit que j'aurais occasion de connaître en lui une personne pleine de probité.

Agréez les assurances d'amitié et de considération respectueuse avec laquelle j'ai l'honneur d'être,

Monsieur et ami,

Votre, etc.

De Saint-Pierre.

A Paris, le 10 janvier 1781.

N° 90.

A MONSIEUR HENNIN.

Monsieur et ami,

J'ai suivi votre conseil, je me suis mis dans mes meubles. Mon nouveau logement est *rue Neuve-Saint-Étienne, maison de M. Clarisse, faubourg Saint-Victor.* La tranquillité et l'honnêteté de ma demeure, la beauté de la vue, le bon marché, une multitude de petites commodités, réunies dans quatre petites pièces dont deux étaient tapissées d'un joli papier, les jardins qui m'environnent et qui m'embaumeront dans quelques semaines d'ici, sont après le séjour de la campagne pour lequel je soupire depuis si long-temps, ce qui pouvait peut-être m'agréer le plus dans Paris. Mais, *nil ab omne parte beatum*, je loge dans un grenier au quatrième, et la maison est sur le point d'être vendue, ce qui peut-être m'obligera d'en déloger dans six mois; je suis épuisé par les dépenses de mon ameublement, je suis loin de mes promenades accoutumées, et de mes anciens amis, loin de vous de plus d'une lieue.

Écrivez-moi, que vos lettres viennent dissiper ma solitude et les réflexions que je fais sur l'âge qui s'avance et la fortune qui s'éloigne. Je n'ai rien obtenu de la marine que les lettres du monde les plus obligeantes de M. de Mars. L'opposition est venue du ministre. Je ne suis pas rendu. Quand on ne devrait rien à mes services et à mes écrits, la marine me doit des dédommagemens de finance pour défaut d'appointemens et de traitement.

Je vais mettre enfin mes papiers en ordre. Écrivez-moi; vous êtes du petit nombre d'amis que ma mauvaise fortune n'a point ébranlés. Déterminez le ministre à m'écrire une lettre de contentement. Vous me l'avez promise ainsi qu'à madame Mesnard. L'approbation des ministres vertueux n'est-elle pas la récompense naturelle des actions louables?

J'irai vous voir à la première violette; j'aurai bien près de cinq lieues à aller, j'irai gaiement, et je compte vous faire une telle description de mon séjour, que je vous ferai naître l'envie de m'y venir voir et d'y prendre une collation. Horace invitait Mécène à venir manger dans sa petite maison de Tivoli un quartier d'agneau et boire du vin de Falerne. Comme il s'en faut bien que ma fortune approche de sa médiocrité d'or, je ne vous donnerai que des fraises et du lait dans des terrines, mais vous aurez le plaisir d'entendre les rossignols chanter dans les bosquets des dames anglaises, et de voir leurs pensionnaires et leurs jeunes novices folâtrer dans leur jardin.

M. le comte de Vergennes m'a fait l'honneur de répondre à ma lettre du jour de l'an, mais c'est une lettre qui ne signifie rien; il n'y avait même ni qualification ni adresse; dans le fond je trouve que moins on occupe de places plus on est heureux, et que mon nom même est trop long; mais il me vient de mes ancêtres, et je suis tenu de le conserver quoique je ne sois pas saint. Si donc vous me donnez la qualité d'ingénieur du Roi, n'y oubliez pas celle de mon grade de capitaine d'infanterie, car je suis dans un quartier rempli d'ingénieurs; il y en a qui font des lunettes, d'autres des souricières.... Le peuple même ne distingue guère entre ingénieur, architecte, maçon, en quoi il ne se trompe pas de beaucoup.

Je suis avec un vrai attachement et une considération respectueuse,

Monsieur et ami,

Votre, etc.

De Saint-Pierre.

A Paris, ce 7 février 1781.

N° 91.

*

A MONSIEUR HENNIN.

Monsieur et cher ami,

Je reçois votre lettre du 23 mars sur l'adresse de laquelle vous avez oublié de mettre *faubourg Saint-Victor*, oubli qui l'a retardée en la portant dans une autre *rue Neuve-Saint-Étienne*.

Je prends part à la perte que vous avez faite de monsieur votre père et aux inquiétudes que vous a données sa longue maladie.

Mon petit ermitage me plaît tout-à-fait, et si vous avez de l'amitié pour ce quartier, vous devriez acheter cette maison qui est en vente et qu'on parle d'abattre depuis soixante ans. Elle restera long-temps debout puisqu'elle a résisté à l'ouragan du mois passé qui faisait remuer le chandelier sur ma table.

Vos conseils sur mes productions sont très-bons, mais ceux de Boileau le sont aussi :

<small>Cent fois sur le métier remettez votre ouvrage.</small>

Enfin m'y voilà tout entier; si je m'occupe encore de ma fortune, c'est afin de payer mes dettes. Je mourrais content si j'en venais à bout, et si je mettais en fonte ma mine sablonneuse où je suis sûr qu'il y a des grains d'or.

Venez me voir; quoique je ne puisse pas vous offrir un dîner, au moins je peux vous donner un plat à votre choix. Je peux encore vous donner quelques débris de mon histoire naturelle et des plantes marines de nos côtes, peu connues et qui font des effets charmans quand on a la patience de les arranger.

Vous verrez encore chez moi quelques pauvres petits tableaux de paysages que j'ai eus à si bon marché, qu'en les achetant j'ai placé bien peu d'argent fort avantageusement. Celui de tous qui m'a fait le plus de plaisir est de Chavannes peint en 1715, et porte votre nom écrit sur le châssis. C'est un rocher avec une chute d'eau.

Mais celui qui les passe tous, est ma croisée d'où je découvre une vue admirable, surtout dans cette saison. Si vous veniez vers ces fêtes de Pâques, vous pourriez me ramener à Versailles d'où je gagnerais Saint-Germain, où M. de Crémon, ancien commissaire-ordonnateur de Bourbon, m'invite à l'aller voir.

Si vous vous refusez à mon amitié, j'irai moi vers ce temps-là vous visiter à pied; et vous porter à déterminer votre ministre. Il n'en a pas été ainsi de M. le directeur-général, qui m'a écrit une lettre fort honnête en m'envoyant son ouvrage sans que je m'y attendisse.

Faites-moi l'amitié de contre-signer l'incluse pour ma pauvre sœur. Vous n'imaginez pas quel crédit donne en province, dans un couvent de filles, le contre-seing d'un ministre. Si votre conscience diplomatique y est intéressée, envoyez-la à la poste; au reste, si vous vous déterminez à me venir voir, prévenez-moi quelques jours d'avance. Vous avez bien raison de regarder ce quartier comme celui du repos. Il y a de bonnes ames qui ignoreraient que la guerre existe, si elle n'avait pas fait renchérir le sucre.

Agréez les assurances d'amitié et de considération respectueuse avec lesquelles je suis constamment,

Monsieur et ami,

   Votre, etc.

     De Saint-Pierre.

A Paris, ce 26 mars 1781.

N° 92.

✻

A MONSIEUR HENNIN.

Monsieur et ami,

Il y a quelques jours que ma sœur s'est avisée de m'envoyer une de vos lettres, dont vous avez accompagné l'envoi de celle que je vous avais prié de lui contre-signer. Quoique je n'y aie rien vu de désobligeant, il n'en a pas été de même de la bonne fille de province. Votre nom ne lui est pas connu, encore moins votre caractère. Obligé de subvenir aux maux de ma famille, j'ai presque toujours seul supporté les miens; de sorte que mes parens n'ont qu'une idée confuse de mes voyages dans le Nord ; et ignorent même que j'aie jamais été en Pologne. C'eût été une occasion bien naturelle de leur parler de mes amis, et des bons offices que vous avez cherché à m'y rendre. Depuis, quoique vous m'ayez fait obtenir une gratification de votre département, elle a été accompagnée de circonstances si affligeantes, que je n'ai pu parler de vous à ma sœur comme je l'eusse désiré. Jugez donc sa surprise en recevant une lettre qui lui annonce un refus à elle, qui ne vous a jamais rien demandé ; tant est grande dans le département l'habitude de refuser. L'occasion doit sans doute m'en être attribuée ; mais je me rappelle fort bien que je recherchai votre contre-seing, moins comme une économie que comme une petite vanité qui pouvait la flatter dans son couvent. Je me ressouviens aussi de vous avoir prié, si la chose souffrait quelque difficulté, d'envoyer tout uniment la lettre à la poste.

Au reste, si je reviens sur le passé, c'est principalement pour la signature de cette même lettre ; secrétaire du conseil d'État ! est-ce une place nouvelle ou une dénomination de l'ancienne ? Pourquoi, dans le premier cas, ne m'en avoir pas instruit directement, puisque vous savez l'intérêt que je prends à votre prospérité? Vous ne m'en avez rien dit même dans mon dernier voyage. Ainsi, je suis trop peu instruit pour savoir si je dois vous faire un compliment.

Soyez heureux; je ne le suis guère par tout ce qui est hors de moi. Le prisonnier de la Bastille me tourmente sans cesse. Il veut tantôt que je le fasse commissaire-ordonnateur, tantôt chevalier de Saint-Louis. Il me serait tout aussi aisé de le faire cardinal. La vue des jardins m'inspire des désirs sans les remplir. Je suis comme Tantale au-dessus des fruits, sans y pouvoir toucher. Heureux ceux qui ont des vergers! heureux ceux dont la fortune ne dépend pas d'autrui! heureux ceux qui logent au rez-de-chaussée, et qui ne sont pas, comme moi, exposés à être emportés d'un coup de vent! Pour peu que les chaleurs de la canicule soient fortes, je ne peux pas manquer d'être rôti dans mon donjon; et si j'évite ce malheur, j'y serai infailliblement gelé au mois de janvier; car il a le double inconvénient d'être très-chaud en été et très-froid en hiver. Venez m'y voir tandis que la saison est encore tempérée; venez y philosopher. Vous en retrouverez Versailles plus beau; c'est un inconvénient de la grandeur d'exposer à la foudre; mais la petitesse n'en est pas à l'abri.

Agréez les assurances d'amitié et de considération respectueuse avec laquelle j'ai l'honneur d'être,

Monsieur et ami,

Votre, etc.

De Saint-Pierre.

A Paris, le 26 mai 1781.

Rue Neuve-Saint-Étienne-du-Mont, maison de monsieur Clarisse, faubourg Saint-Victor.

N° 95.

✻

A MONSIEUR HENNIN.

Il y a environ dix-sept ans que, sortant du service des Russes, je me jetai dans un parti qu'ils traitaient de rebelle, et où ils furent sur le point de me traiter comme un transfuge, m'ayant fait prisonnier par suite d'une trahison. J'avais fait cette démarche hasardeuse dans l'intention de bien mériter de la France et de l'approbation de son ministre, auquel je suis encore redevable d'une partie des frais de mon voyage et de mon séjour. Il y a un an, qu'après bien des sollicitations, qu'après avoir rappelé le souvenir de plusieurs Mémoires considérables, que j'avais ajoutés à mon expédition militaire, j'ai obtenu, par le crédit du premier commis des affaires étrangères, mon intime ami, la somme de cent écus sur les secours réservés aux pauvres gens de lettres. Je l'ai d'abord refusée, ne voulant pas vendre mon droit d'aînesse en Pologne pour un plat de lentilles.

Je l'ai acceptée cependant, Monsieur, sur les assurances réitérées qu'elle serait accompagnée d'une lettre honorable du ministre, qui n'a point été expédiée, parce qu'on m'a fait entendre que j'avais blessé le caractère ministériel par mon refus; ce qui m'a fait oublier pour le moment le propre soin de mon honneur pour réparer de tous mes moyens le tort que j'avais pu faire à celui du ministre.

Depuis ce temps, les flots de la mer ont achevé de me passer sur la tête. Je me suis renfermé dans les seuls moyens de mériter de ma patrie, qui fussent en mon pouvoir. J'ai acheté de petits meubles ; je me suis logé dans un donjon, dans le quartier des pauvres; et, par cette même circonstance, j'ai achevé de me ruiner, au point qu'un port de lettre me dérange. Non-seulement je ne peux pas offrir à qui que ce soit une bouteille de vin; mais si on me l'offre à une distance un peu considérable de Paris, il m'est impossible d'y atteindre. Je viens de refuser deux invitations très-vives d'anciens amis d'aller passer quelque temps à leur château à six lieues de Paris, parce que je n'ai pas de quoi payer dans cette mauvaise saison les frais du voyage, sans me déranger; encore je suis forcé de leur taire cette raison.

Indépendamment de mes besoins, j'ai à pourvoir à ceux d'une jeune sœur. J'ai même quelques réserves pour quelqu'un qui a aggravé mes peines autant qu'il était capable de le faire (son frère). Malgré mes devoirs et ma pénurie, soyez persuadé, Monsieur, que je ne recevrai à l'avenir des secours des affaires étrangères, que par une voie honorable. Songez qu'il y va de votre honneur autant que du mien; mais si M. le comte de Vergennes est absolument décidé à ne m'offrir que cette source des bienfaits du Roi, et à en arrêter le cours tout-à-fait, je prendrai la liberté de le mettre sur la liste de mes créanciers pour les cent écus qu'il m'a fait toucher l'année passée.

J'ai encore à rappeler que le refus de ces

cent écus qui précéda leur envoi, ne fut point, comme on a voulu le faire entendre, une précipitation de ma part qui prévint une lettre honorable du ministre, puisqu'on m'avait bien précisément marqué d'avance la nature du secours qui m'était accordé, et que je l'avais constamment refusé à un titre si étranger à mes services.

Voilà tout ce que j'ai à dire à M. le secrétaire du Conseil; car pour M. Hennin, je le regarde toujours comme mon ami; ce fut lui qui m'ouvrit sa bourse à Vienne, et non celle du ministre; malheureusement, c'est lui qui a partagé mes peines, qui m'a même dans l'occasion aidé de sa plume, et qui termina par des expressions également sensibles et vigoureuses un Mémoire qu'il avait adouci par la sagesse de son jugement; enfin, c'est lui qui me reçoit quand je vais à Versailles; et une preuve qu'il y a deux hommes bien distincts en lui, c'est qu'il ne peut pas me supporter une minute à son bureau de ministre, et qu'il me retient plusieurs heures à sa table d'ami.

D'après ces sentimens d'amitié, qui prévaudront toujours, j'avais eu le bonheur, mon ami, d'acheter à très-bon marché deux jolis tableaux qui sont dans mon réduit, et que je vous destinais; ils ne conviennent point à ma fortune. Il ne me faut que des nattes et du papier. Je les ai achetés pour vous. Si vous fussiez venu me voir, vous les eussiez emportés. Mais le secrétaire du Conseil a retenu M. Hennin. Envoyez-les chercher.

Adieu; je suis avec une amitié constante et une respectueuse considération,

Monsieur et ami,

Votre, etc.

De Saint-Pierre.

A Paris, ce 14 novembre 1781.

N° 94.

❉

A MONSIEUR HENNIN.

Monsieur,

Je comptais avoir l'honneur de vous recevoir chez moi une de ces fêtes de Pâques, dans lesquelles je supposais que vous pouviez venir à Paris. Mais vos affaires pouvant mettre à la visite que vous me promettez le même obstacle qu'à vos lettres, j'ai pris le parti de vous accuser au moins la réception de votre réponse. Ce me sera aussi une occasion d'inculper un principe fort dur, quoique vous l'établissiez avec le ton de l'amitié.

C'est au sujet de la gratification que m'avait accordée M. le comte de Vergennes, pour les risques que j'avais courus en Pologne et que j'ai refusée au titre où elle m'était présentée. *Vous vous êtes mis*, dites-vous, *dans la tête, que le département des affaires étrangères vous devait, et je vous assure que vous ne le prouverez jamais aux personnes qui connaissent la manière dont les choses sont établies.* Ce n'était pas assez, Monsieur, de dire que votre département ne me devait rien, il fallait ajouter que c'était moi qui lui devais, puisqu'en effet je vous suis redevable d'une partie des frais du voyage, et vous eussiez achevé le remerciement du Loup à la pauvre Cigogne : *Vous êtes bien heureux d'avoir tiré votre tête de mon gosier.*

Mais, Monsieur, si les Russes m'avaient envoyé en Sibérie et traité en déserteur, comme ils ont coutume de faire envers les officiers qui quittent leur service pour passer chez leurs ennemis, ne vous seriez-vous rien reproché ? Mais si dans ma prison je vous avais fait partager à vous et à M. l'ambassadeur de Vienne l'inquiétude de ma situation, et que cédant aux promesses et aux menaces, j'eusse avoué que l'un et l'autre vous aviez disposé tout le plan de mon voyage? Votre département ne me doit-il rien pour avoir conservé le repos et l'honneur à deux ministres médiateurs de la paix, en m'exposant seul au ressentiment d'une puissance que je venais de servir, et qui ne cherchait qu'un prétexte pour agir envers l'un et l'autre comme envers M. de Paulmy? J'eusse au moins illustré ma ruine de la vôtre, et obligé les cours alliées de la réparer, en lui donnant un grand éclat. Ne me promîtes-vous pas tous deux que, soit à Versailles, soit à Vienne, ma conduite, qui m'attira même l'estime de mes ennemis, serait récompensée noblement, et que j'y serais employé avec honneur? Je ne cherchais que celui d'avoir fait le bien. C'est dans le même esprit que j'ai donné depuis à votre département des Mémoires considérables sur le Nord, où j'annonçais le partage futur de la Pologne par les trois puissances limitrophes? Si depuis ma mauvaise fortune m'a forcé d'y solliciter quelques secours en argent, c'était en partie pour acquitter les frais d'un si grand et si pénible voyage. M. du Rival, d'une probité sévère, n'a-t-il pas jugé, en rapportant mes démarches, qu'il m'*était dû des dédommagemens?* S'ils ne me sont pas donnés d'une manière honorable, gardez-les, Monsieur; il me suffira de les avoir mérités.

Je tirerais, dites-vous, parti des hommes, si je pouvais prendre sur moi de faire quelques pas de suite vers eux. Mais depuis quatre ans, n'ai-je pas employé pour cette affaire assez de papier, de courses et de sollicitations? A quels hommes m'adresserai-je, si ceux dont j'ai recherché l'estime me méprisent, et si mes propres amis me repoussent avec des maximes qu'ils ne voudraient pas employer contre des étrangers?

Vous me parlez de projets de fortune, sur lesquels je ne peux rien dire, puisque je ne les connais pas. Autrefois, j'ai cherché les routes honnêtes qui pouvaient m'y mener, et je n'y ai trouvé qu'amertume et douleur. Que prétendent, après tout, ceux qui en courent la carrière? Vivre un jour, disent-ils, contens, tranquilles et libres. Depuis long-temps je fais ce qu'ils espèrent en vain de faire; mais pour vivre ainsi, me direz-vous, vous avez besoin d'argent. Oui, sans doute, ne fût-ce que pour payer mes dettes de Pologne. Mais, Monsieur, croyez-vous qu'au milieu des changemens de sept ministres des finances, l'inconstance encore plus grande de mes patrons et de mes amis, les inimitiés des corps, les imprudences des miens, les défaillances de ma propre santé, quelque main plus puissante que celle des hommes ne m'a pas soutenu? J'ai vécu heureux en m'appuyant sur elle, et je n'ai cessé de l'être qu'en cherchant ailleurs un meilleur appui. Ma solitude m'a donné des plaisirs que le monde ne saurait donner, et qui sont les seuls dignes d'occuper la vie humaine. Mais je suis prêt à quitter huit années de travaux, une heureuse obscurité et ma liberté, si je puis être utile.

Il n'est pas besoin que vous vous donniez la peine de venir me chercher; indiquez-moi le jour où je pourrai en conférer avec vous, et j'irai vous trouver à pied. Je soumettrai ma volonté à celle d'autrui, si c'est à celle d'un homme vertueux, et si c'est pour faire quelque bien, dussé-je en être encore victime.

Je connaîtrai à votre réponse, Monsieur, si vous n'êtes plus pour moi qu'un ancien ami.

Agréez les assurances de la considération respectueuse avec laquelle j'ai l'honneur d'être,

Monsieur,

Votre, etc.

De Saint-Pierre.

A Paris, ce 3 avril 1782.

N° 95.

✻

A MONSIEUR HENNIN.

Monsieur et ancien ami,

Je viens de mettre en ordre les préliminaires d'un ouvrage qui m'occupe depuis neuf ans, et qui a pour épigraphe: *Miseris succurrere disco*.

Je les ai communiqués à deux personnes de caractères très-différens. Il ne me convient pas de répéter le jugement qu'elles en ont porté; mais j'ai pensé qu'ils méritaient l'attention d'un homme de goût et d'État, puisqu'ils ont pour objet de découvrir la source de nos plaisirs dans la nature et celle de nos maux dans la société.

Ma manière d'étudier la nature est, j'ose dire, si lumineuse, que, quoique j'ignore, par exemple, le nom de la plupart de nos plantes, je peux, à leur simple inspection, déterminer si elles sont destinées à végéter à l'ombre ou au soleil, dans les plaines, sur les montagnes où sur les bords des rivages. Vous pouvez penser quel jour cette méthode peut répandre sur l'agriculture. J'en ai fait voir par hasard à M. Mesnard l'application sur une plante étrangère et rare que je n'avais jamais vue, ce qui l'a fort étonné; car cette méthode et ses résultats sont absolument inconnus de nos botanistes.

Si donc vous voulez me donner un jour à Versailles ou à Paris, où je puisse vous faire la lecture du plan de mon ouvrage, je crois que je pourrai vous donner quelques heures de plaisir.

Vous m'obligerez aussi, Monsieur, si vous invitez à cette lecture quelques amis discrets qui aiment à entendre la vérité, de quelque nature qu'elle soit, et qui que ce soit qui la dise. Votre jugement et le leur confirmeront le mien; car il est possible que je me fasse illusion. Cependant, quoique je me sois souvent égaré en marchant sur les pas des hommes, je ne l'ai jamais été par l'auteur de la nature.

Je suis avec les assurances de notre ancienne amitié et d'une respectueuse considération,

Monsieur et ancien ami,

Votre, etc.

De Saint-Pierre.

A Paris, ce 30 septembre 1782.

N° 96.

✻

A MONSIEUR HENNIN.

Une seule de vos lettres me met presque toujours dans la nécessité de répliquer à deux personnes et quelquefois même à trois.

Je ne puis vous dire, me mandez-vous, combien je serais charmé de trouver quelque occasion de vous procurer des grâces littéraires. Pour celles du département, le titre auquel vous les avez demandées n'ayant pu être admis, le mieux que vous puissiez faire est de n'en jamais parler ¹, et je vous prie

---

¹ Cela était tout naturel : les ministres ne pouvaient supporter qu'on leur rappelât le partage de la Pologne que l'auteur leur avait inutilement prédit.

instamment de vous en abstenir ; vous vous feriez encore tort, croyez-en mon amitié.

J'ai essayé deux fois, Monsieur, de rendre service à votre département. La première, lorsque, quittant le service de Russie, je m'en vins, à mes frais, me jeter en Pologne dans le parti protégé par la France et l'Autriche. Je fis cette démarche de l'aveu de leurs ministres, et ayant été fait prisonnier par l'infidélité du guide qu'ils m'avaient donné, je ne pensai qu'au soin de sauver l'honneur de leur médiation en prenant toute cette démarche sur mon compte, quoique je courusse moi-même les plus grands risques d'aller finir mes jours en Sibérie, suivant l'usage des Russes qui punissent ainsi les officiers qu'ils retrouvent dans le parti ennemi après avoir quitté leur service. M. le comte de Mercy me fit les plus belles promesses ; M. Hennin, ministre du roi, y joignit les siennes ; et, en attendant les grâces de la cour, m'offrit cent ducats. Les grâces de la cour ne sont point venues ; j'ai payé à M. Hennin la moitié des cent ducats, je lui suis resté redevable du reste, et grevé de plusieurs autres dettes contractées à l'occasion d'un voyage si dangereux.

Le second service que j'ai essayé de rendre à votre département est lorsque, à mon retour, je passai près d'un an à écrire un Mémoire considérable sur les affaires du Nord où j'avais voyagé, dans lequel je présageais le partage futur de la Pologne par les trois puissances limitrophes. Je remis ce Mémoire à M. Durand, chef du dépôt, qui m'en fit les plus grands éloges, sans que je reçusse, à cette occasion, de la cour de quoi payer seulement les frais de copistes. M. Durand, étant dans la suite ministre du roi à Vienne, vit le partage de la Pologne s'effectuer dans le temps même qu'il cherchait à tranquilliser notre ministère sur les dernières convulsions de ce royaume.

M. Hennin, ministre du roi en Pologne, étant devenu, bien des années après, premier commis des affaires étrangères à Versailles, je crus le moment de ma fortune arrivé. Je rappelai dans de grands Mémoires mes dangers, mes services, mes dettes, ma conduite, j'y joignis son témoignage. Il me dit, après deux ans de sollicitation, et affecté de l'économie sévère de son département, que ma récompense se réduirait à une pension de vingt-cinq louis. Je m'en contentais; lorsqu'elle a abouti à une aumône de cent écus. Je l'ai refusée, Monsieur, non par orgueil, mais par un sentiment de justice et d'honneur pour votre département : afin que le public ne dise pas qu'on y donne des titres honorables et des pensions aux espions, et qu'on y fait l'aumône aux officiers qui se dévouent.

Je me réfère, Monsieur, à M. Hennin, ministre du Roi en Pologne, des monitions de M. Hennin, premier commis à Versailles, qui m'avertit que *le titre auquel j'ai demandé des grâces ne pouvant être admis, le mieux que je puisse faire est de n'en jamais parler.*

Je n'ai rien demandé à aucun titre, mais j'ai rejeté ceux qui étaient humilians. N'ai-je donc pas eu raison, Monsieur, de me comparer à la pauvre cigogne qui avait mis sa tête dans la gueule du loup? Je ne suis rien, Monsieur, et ne prétends à rien, je vous l'ai mandé, mais sachez que si la justice que je réclame intéressait le bonheur public, je porterais mes plaintes à tous les carrefours. Sachez qu'un homme sans fortune qui a sacrifié deux fois son état parce qu'il n'était pas d'accord avec sa conscience, ne craint dans le monde que de faire des injustices.

Il me reste maintenant à répondre à mon ami. Vous ne me répondez pas, dités-vous, d'avoir le temps de lire mon ouvrage en entier, à moins que je ne vous le laisse. Mon manuscrit est si rempli de ratures et de renvois qu'il n'y a que moi qui en puisse faire la lecture, car certainement j'aurais bien la confiance de le laisser entre vos mains ; d'ailleurs je perdrais le principal fruit que je me propose, qui est de profiter de votre censure. Si donc je vais à Versailles, j'y séjournerai deux ou trois jours afin d'y trouver vos momens de loisir. Si vos affaires, que je conçois devoir être très-multipliées, ne vous en donnent aucun, vous pouvez m'épargner la fatigue et les frais de cette démarche.

J'ai l'honneur d'être, Monsieur, avec une respectueuse considération,

Votre, etc.

DE SAINT-PIERRE.

A Paris, ce 11 octobre 1782.

N° 97.

A MONSIEUR HENNIN.

A Paris, ce 27 décembre 1782.

Monsieur,

Je souhaite, au commencement de cette nouvelle année, que vous contribuiez à rendre la paix à l'Europe. Je ne ferai pas d'autres vœux pour votre bonheur, le ciel nous veut assez de bien quand il nous donne les moyens d'en faire.

Je vous prie d'agréer ces assurances de

l'ancienne et respectueuse considération avec laquelle j'ai l'honneur d'être,

Monsieur,

Votre, etc.

De Saint-Pierre.

N° 98.

A MONSIEUR HENNIN.

Monsieur et ami,

Je reçois avec bien du plaisir la nouvelle de votre remboursement, et des trois cents livres qui me doivent revenir; je n'y comptais plus. Ce qui me touche principalement, c'est la constance que vous avez mise à solliciter ce bienfait. La grâce avec laquelle vous me le présentez me le rend très-agréable. Lorsque vous me le ferez parvenir, je vous prie que ce soit le matin, car je demeure dans une maison où il n'y a point de portier, et où votre commissionnaire ne trouverait personne à qui il pût s'adresser s'il venait l'après-midi.

Dieu bénisse les bonnes intentions que vous avez pour moi, et qu'il vous en fasse trouver le fruit dans la durée de la paix honorable et utile à laquelle vous venez de travailler.

Vous me demandez des nouvelles de mon ouvrage; il n'est pas encore prêt à paraître. Ayant embrassé dans mon plan la recherche de nos plaisirs dans la nature, et celle de nos maux dans la société, ce dernier objet, que vous n'avez pas vu, m'a mené loin. J'ai cru que je ne devais pas rejeter en son lieu, à la fin de mon ouvrage, les remèdes et les palliatifs qu'en bon citoyen je devais y chercher.

Je me suis tellement complu dans mes idées que j'en ai formé un chapitre considérable. Ensuite venant à penser que les ennemis que je me ferais parmi les gens à système, ma mauvaise fortune et d'autres causes, pouvaient m'empêcher de mettre en ordre successivement mes matériaux sur la géographie, sur la botanique, sur les animaux, et enfin sur l'homme, et que toutes les parties de ce vaste plan, dont j'ai cherché à montrer l'harmonie dans mon prospectus, paraîtraient former un pur système d'imagination si je n'y joignais, dès à présent, des preuves qui fussent à la portée de tout le monde, je me suis décidé à les prendre dans la botanique. J'ai donc trié dans mes brouillons quelques observations, j'ose dire très-neuves et très-curieuses, et les ayant disposées dans un ordre qui m'a agréé, j'en ai fait le bouquet de mon feu d'artifice.

Tout le frontispice de ce temple rustique que j'élève à la nature sera prêt vers le mois d'avril ou de mai, si Dieu m'en fait la grâce. Je pourrai alors vous en communiquer la dernière partie, comme la partie la plus intéressante; c'est le coup de feu de mon tableau.

Je passerai ensuite quelques mois de l'été à remettre au net tout mon ouvrage. Vers l'automne, je le donnerai à l'examen, et si je n'éprouve pas de retardement, il pourra être imprimé vers le commencement de l'année prochaine.

Je travaille fort laborieusement. Il me survient chaque année de nouvelles peines. J'apprends qu'un autre frère dont la destinée m'était inconnue depuis plusieurs années, est malade à Marseille, et sans état. Celui que j'ai à Ham a occasioné ses malheurs, innocemment à la vérité, mais imprudemment, en arrivant, il y a quelques années chez lui où sa jeune femme fut si surprise de le voir qu'étant d'ailleurs indisposée, elle en mourut dans les vingt-quatre heures[1]. Elle laissa son mari avec plusieurs enfans en bas âge, et il fut si sensible à ce chagrin qu'il quitta son état et s'expatria. J'ai écrit à ma sœur, qui m'a mandé de ses nouvelles, de lui écrire de ma part afin que je lui fasse tenir quelque secours s'il est encore à Marseille. C'est un excellent sujet qui a commandé plusieurs vaisseaux de commerce; il est fort estimé des marins.

Je me ferai des ennemis, mais je m'en console parce que ce ne seront que ceux du bien public. Si leurs intrigues, ma santé et ma mauvaise fortune m'arrêtent en chemin, au moins j'aurai indiqué une nouvelle route, et, j'ose dire, la seule qui puisse mener l'homme à connaître la nature. S'il ne m'est pas permis de côtoyer ces terres nouvelles et embrumées, au moins je déterminerai quelques caps prin-

---

[1] *Voyez* l'Histoire de Dominique et de Dutailly dans les Mémoires sur Bernardin de Saint-Pierre.

cipaux; des hommes plus habiles et plus heureux iront plus loin.

Agréez les assurances de reconnaissance et de considération respectueuse avec lesquelles je suis constamment,

Monsieur et ancien-ami,

Votre, etc.

De Saint-Pierre.

A Paris, le 26 janvier 1783.

N° 99.

A MONSIEUR HENNIN.

Monsieur et ancien ami,

J'ai reçu les trois cents livres déposées chez le suisse de monseigneur le comte de Vergennes. Vous voilà donc remboursé des cent ducats que vous m'aviez avancés à Vienne. Plaise à Dieu que je puisse m'acquitter ainsi avec le reste de mes créanciers ! Vous avez très-bien refondu cette affaire-là ; je n'en attendais plus rien du tout. Je n'ai aucun talent pour les négociations. Dans le cas de besoin je pourrais bien faire mon pot, mais si je venais à le casser je ne pourrais pas le raccommoder.

C'est un grand plaisir pour moi de vous savoir remboursé, et en même temps une grande peine de me rappeler que je suis encore redevable, à cette occasion, de fortes sommes à des étrangers qui sont tombés eux-mêmes dans le malheur, entre autres au prince d'Olgorouki, qui était ministre de Russie à Berlin lorsque je quittai la Pologne pour revenir en France.

Je vous suis très-obligé des démarches que vous voulez faire pour moi dans le département de la marine. Il me semble que vous pourriez aisément m'y faire avoir la pension de retraite de mon grade de capitaine ingénieur; elle me vaudrait un peu plus de trois cents livres. J'ai cherché de toute manière à bien mériter de ce département; j'ose dire que je lui ai rendu quelque service, ne fût-ce que d'avoir démontré, contre l'opinion publique, que l'Ile-de-France ne pouvait protéger Pondichéry [1], ce que la dernière guerre vient en-

---

[1] Il présenta à ce sujet un long Mémoire qui ne produisit pas plus d'effet que celui qu'il avait remis aux affaires étrangères, sur le partage de la Pologne.

core de démontrer. Je ne parle pas des persécutions de toute nature que j'y ai essuyées de la part des ingénieurs ordinaires, parce que je n'étais pas de leur corps, de la part du gouverneur, etc., etc. Enfin je ne m'occupe plus que de mon travail, abandonnant absolument le soin de ma fortune à la Providence qui a conduit ma petite barque d'une manière admirable à travers tant d'orages. C'est à elle que je recommande tous ceux qui m'ont porté quelque bienveillance; je ne peux rien par moi-même, elle m'a fait naître rien, et c'est à ne pas tomber au-dessous du rien que tendent tous les ressorts de ma politique.

Agréez les assurances de reconnaissance et d'attachement avec lesquelles j'ai l'honneur d'être,

Monsieur et ancien ami,

Votre, etc.

De Saint-Pierre.

A Paris, ce 31 janvier 1783.

N° 100.

✼

A MONSIEUR HENNIN.

Monsieur et ancien ami,

A mesure que mon bon ange élève ma maison, le diable la démolit. Je vous dis ceci d'abord, à l'occasion de l'argent que je suis obligé d'envoyer cette année en province, pour réparation d'une maison dont je ne toucherai peut-être jamais le revenu, mais qui fait partie du douaire de ma belle-mère, et dont il s'est écroulé une voûte; mais cela n'est encore rien. Je viens de recevoir, après un mois de retard, ma gratification annuelle des finances avec une lettre de M. le contrôleur-général qui me prévient que je ne dois *plus compter à l'avenir sur le même secours.* La raison qu'il m'en donne est le besoin de plusieurs autres familles. Vous connaissez le mien et mes occupations, jugez si j'ai la liberté d'esprit nécessaire pour mettre en ordre un aussi grand travail. Dieu a permis que vous ayez tout crédit auprès de M. le comte de Vergennes, et qu'il devînt lui-même chef du conseil des finances; il ne faut qu'un mot de sa part à M. le contrôleur-général, non-seulement pour me faire confirmer ce bienfait d'une manière invariable, mais pour l'asseoir d'une manière plus honorable. Tirez-moi du bord de ce précipice, ou plutôt de son fond, car m'y voilà tombé. M. Turgot et M. Necker m'avaient assuré que ce bienfait était plus solide qu'une pension. Quelle confiance doit-on prendre aux hommes? Si la Providence m'a ôté les raisons de confiance, d'estime et d'amour que je devais leur porter, elle m'en a présenté une foule de nouvelles dans ses ouvrages. Je m'occupe à mettre en ordre celles qui regardent les plantes comme les plus agréables et les plus aisées à vérifier.

J'irai vous en faire la lecture dans le courant du mois de mai, et j'ose dire que je vous étonnerai ; mais en attendant calmez mon esprit par le service que j'attends de votre ancienne amitié.

Je suis avec un constant attachement et une respectueuse considération,

Monsieur et ancien ami,

Votre, etc.

De Saint-Pierre.

A Paris, ce 25 mars 1783.

N° 101.

A MONSIEUR HENNIN.

Monsieur et ancien ami,

Je reçois une lettre de M. le marquis de Castries, qui m'annonce que le Roi a accordé la liberté à mon frère, transféré dans une troisième prison à Saint-Venant. Je viens de lui répondre pour le remercier de cettre grâce, en lui représentant la situation où il va se trouver étant sans état et sans bien. Je ne lui parle point de la mienne, mais vous savez que je n'ai plus rien au monde, comme je vous l'ai marqué il y a bientôt un mois. Vous ne m'avez point répondu. J'ai, par-dessus le marché, un gros rhume depuis quinze jours ; je me dissipe par mon travail. Je compte toujours vous aller voir dans le courant du mois prochain. Je pense que vous ne m'avez pas oublié, que vous me ferez rétablir par M. d'Ormesson, ce que son prédécesseur m'avait retranché trois jours avant sa retraite, et que vous ferez faire ce rétablissement d'une manière plus solide et plus agréable.

La lettre de M. le marquis de Castries a un certain ton de bienveillance qui semble me vouloir du bien ; en attendant, résignons-nous à la volonté de Dieu, c'est aujourd'hui un jour à s'en occuper principalement. Je ferai donc ma lettre courte. Je suis avec une constante amitié et une considération respectueuse,

Monsieur et ancien ami,

Votre, etc.

DE SAINT-PIERRE.

A Paris, ce 18 avril 1783.

N° 102.

✻

RÉPONSE DE MONSIEUR HENNIN.

Vous êtes aussi trop malheureux, Monsieur et cher ami. Je fais ce que je puis pour intéresser M. le comte de V. à votre sort. Je lui ai prêté votre ouvrage; il a commencé à le lire, mais le temps lui manque. Je parlerai à M. Coster pour tâcher de vous faire rendre par la finance vos 1000 fr. Je ne connais point encore M. d'Ormesson; le temps m'a manqué pour vous répondre. On écrit plus que jamais, et M. le comte de V. est assailli de Mémoires qu'il faut lire pour répondre pertinemment aux écrivains. Je serai très-aise de vous voir. Je le serais bien plus si je pouvais vous porter des paroles de consolation. Vous ne perdez pas courage, c'est une satisfaction pour moi ; mais, en vérité, vous me donnez de l'humeur contre la fortune.

J'ai l'honneur, etc.

N° 103.

A MONSIEUR HENNIN.

A Paris, ce   1785.

Monsieur et ancien ami,

J'ai été voir mon frère, dans la crainte qu'il ne manquât de quelques secours qu'il fût en mon pouvoir de lui procurer. Je l'ai trouvé en parfaite santé, proprement vêtu, en uniforme, et content. Je lui ai demandé s'il avait beaucoup d'argent, il m'a répondu qu'il lui restait un louis, mais qu'il était au moment de toucher un ou deux quartiers de sa pension par l'entremise de M. Lenoir; qu'il avait eu deux audiences du ministre de la marine qui lui avait dit, dans la dernière, qu'il n'avait pas pour le moment ce qu'il lui destinait, et qui l'avait adressé pour sa subsistance, en attendant, à M. le lieutenant-général de police. Il a ajouté à cela qu'il avait les plus belles espérances, non-seulement d'être fait commissaire-ordonnateur, comme le lui avait promis M. de Sartines peu après son arrivée à la Bastille, mais qu'il avait l'alternative de deux grands mariages, l'un à Saint-Venant en Artois, l'autre à Saint-Domingue. C'est à l'occasion de ce dernier qu'il attribue sa longue prison, persuadé que le gouvernement a fait tout au monde pour y mettre obstacle; au reste il me réserve la place de commissaire-ordonnateur, dont il ne paraît pas fort occupé pour lui-même.

Je ne saurais vous dire toutes les idées qui me sont passées dans la tête pendant le long récit qu'il m'a fait de ses espérances et de ses projets. En vain j'ai voulu lui faire quelques objections, tout ce qu'il me disait à l'appui de ses prétentions était d'un si bon sens, il témoignait un jugement si sain sur le caractère des différentes personnes avec lesquelles il avait vécu, que quelquefois je venais à penser que c'était moi-même qui étais fou, de ne pouvoir comprendre le fond d'une affaire qui lui paraît si simple et sur laquelle il n'a pas varié depuis son emprisonnement.

Je l'ai prié de me prêter quelques momens d'attention, et je lui ai dit : Ma conscience ne me permet pas d'applaudir à des espérances qui sont hors de ma vue, ne me parlez donc jamais de vos projets. Quant à votre subsistance actuelle, il paraît dans l'ordre de la justice et de l'humanité qu'on vous donne les moyens de vous entretenir jusqu'à ce qu'on vous ait placé ou qu'on vous ait remis aux lieux où l'on vous a pris, mais tout ce qui dépend des hommes est sujet aux révolutions. Vous connaissez ma situation, elle est devenue encore plus mauvaise. Alors je lui ai fait lire la lettre de M. de Fleury qui m'annonce que je ne dois plus compter l'année prochaine sur le même secours que j'ai reçu du Roi jusqu'à présent. Il en a paru frappé; cependant se rassurant à mon sujet sur la place de commissaire-ordonnateur qu'il me destine, il est rentré dans le cercle de ses idées, d'où je l'ai tiré une seconde fois en le priant de me permettre d'achever ce que je voulais lui dire. Lorsque vous fûtes amené à la Bastille, lui ai-je dit, il me fut passé un surcroît de gratification de 300 livres pour m'indemniser des frais de voyage que j'étais obligé de faire à votre occasion à Versailles. Comme j'ai fait ces voyages à pied, ils ne m'ont coûté qu'un peu de fatigue. Je me suis proposé, quelle que fût ma position, de garder cette somme pour vos besoins. Je l'ai conservée jusqu'à ce jour tout entière, à l'exception de dix-huit francs que je vous ai donnés à la Bastille; je vous apporte le reste. A Dieu ne plaise ! s'est-il écrié, mon généreux frère, que j'accepte vos secours ! ma position va changer, soyez-en sûr. Plût à Dieu que je pusse vous offrir de même ma bourse ; soyez sûr que cela sera bientôt. J'ai eu beau le presser, le prier, lui remontrer qu'il n'avait qu'une pauvre petite redingote et un porte-manteau grand comme un mouchoir, il ne m'a pas été possible de lui faire accepter ce secours.

J'ai été touché de sa grandeur d'ame, de sa fermeté dans ses malheurs, digne, sans doute, d'une plus grande cause. Il n'est point abattu, et jouit de la santé la plus vigoureuse. Il paraît désirer d'aller passer quelques mois à la campagne aux environs de Paris ; toujours fort occupé de ses anciennes relations de Saint-Domingue par rapport à son mariage, mais croyant fermement que le gouvernement emploie toutes sortes de ressorts pour le faire manquer, il ne souffre pas de sang-froid d'être contredit à cette occasion.

Je ne saurais dire qu'il déraisonne à ce sujet, mais comme plus il m'en parle, et moins j'en suis instruit par la multitude d'accessoires qu'il y ajoute, avec toutefois beaucoup de logique ; je l'ai prié de ne m'en plus parler et de ne me voir même que les dimanches dans l'après-dîner, attendu la nécessité où je suis de mettre au net mon ouvrage pendant la semaine.

Je vous prie d'employer vos bons offices auprès de M. le marquis de Castries et de M. Lenoir, qui doivent savoir le fond de cette affaire, et si c'est une vision que la longueur de sa prison lui aura empreinte dans le cerveau, qu'ils lui procurent les moyens de s'aller dissiper à la campagne. Il paraît, au demeurant, rempli du meilleur sens sur tous les objets qu'on peut lui présenter. Son ame, loin d'avoir été rétrécie par le malheur, s'est agrandie. Je n'ai point été sensible à ma liberté, m'a-t-il dit, mais si quelque chose m'a flatté, c'est de voir que différentes personnes commencent à me témoigner de l'estime.

En vérité, je ne conçois pas que M. le gouverneur de Saint-Domingue ait pu motiver une accusation de trahison de la part d'un officier français, sur le témoignage d'un capitaine anglais. La déposition d'un ancien ennemi suffirait pour le justifier. Ce capitaine n'eût pas dénoncé le projet d'un Français en faveur de l'Angleterre, si ce projet ne lui eût été présenté comme un stratagême propre à tromper les corsaires de sa nation. Il fallait que le gouverneur eût encore quelque motif secret de haine.

Certainement ni la sagacité de votre esprit, ni la droiture de votre cœur, ne vous eussent permis de vous livrer à des ressentimens qui ont eu des suites si longues et si fâcheuses; je vous prie d'employer votre probité naturelle, votre crédit et l'amitié que vous me portez à la réparation d'une aussi longue injure. Vous obligerez particulièrement celui qui est avec une respectueuse considération et une constante amitié,

Monsieur et ami,

Votre, etc.

De Saint-Pierre.

P. S. Il me serait difficile d'exprimer le sentiment que m'inspire la situation de mon frère. D'un côté, son ton leste et maniéré, ses réponses extravagantes, et surtout l'apathie de son cœur, me font craindre sa présence ; d'un autre côté, sa figure qui porte l'empreinte profonde du malheur, et sa position inexplicable m'inspirent une tendre pitié, et me ramènent à lui. On le poursuit, on le persécute. Pourquoi le blâmer ! après tout, il a ses raisons.

Moi-même, en suivant ce que j'ai cru les sentimens de l'honneur, je me suis perdu dans l'esprit de personnages honorables qui jouissent de l'estime universelle. Je sais bien ce qui convient à ma raison, mais je ne sais plus ce qui est convenable à celle d'autrui. Ce doute se répand sur mes longs travaux ; il y a des momens où je crois que ce que j'y prends pour une étincelle de la sagesse universelle, est peut-être un grain de folie que la Providence a laissé tomber dans ma tête pour occuper mes réflexions et charmer le loisir de ma solitude. Quelques applaudissemens que mes amis m'aient donnés, il s'en faut bien que je compte sur l'approbation de mes lecteurs ; mais si je peins dans mon ouvrage mes malheurs et les peines dont mon ame a été navrée, je suis bien sûr au moins de mériter leurs larmes.

N° 104.

✻

A MONSIEUR HENNIN.

Je ne connais que mon propre travail qui soit à ma portée. J'en ai mis au net neuf grands cahiers, de vingt-quatre pages chacun, et d'une écriture assez fine. Il m'en reste trois à rédiger pour compléter les ruines de mon ouvrage. Ceux-ci m'occuperont encore plus d'un mois. Si vous voulez m'être utile dans leur impression, comme vous me l'avez vous-même proposé, je vous prie de demander dès à présent à M. Lenoir un censeur à qui je puisse remettre les neuf cahiers que j'ai transcrits, afin qu'il les examine pendant que j'achèverai les trois autres. Cependant je doute fort que mon ouvrage puisse être imprimé cette année, quelque diligence que j'y apporte.

J'ose croire que je mérite quelque éloge pour la constance avec laquelle je m'en occupe depuis tant d'années. Ma conduite, me mandez-vous, Monsieur, vous donne du chagrin. Je n'ai cherché dans toutes mes démarches que le juste et l'honnête. J'ai pu me tromper dans mes vœux, mais non dans mes motifs; après tout ce n'est pas à moi à me juger.

Je vous ai parlé dans ma dernière lettre de la situation où était mon frère. Après m'avoir fait part de ses espérances chimériques, et avoir refusé le secours de trois cents livres que je lui offrais, il vint chez moi le lendemain, accablé de désespoir, se plaignant que la pension de la marine, sur laquelle il avait compté d'abord pour subsister, se trouvait réduite à une gratification de six cents livres, et qu'il partait le lendemain pour la campagne, afin d'y vivre avec plus d'économie. Huit jours après son départ, il m'écrivit d'une chartreuse des environs de Noyon, une lettre remplie de lamentations, dans laquelle il me mandait qu'il n'avait touché que cinquante écus des six cents livres qu'on lui avait promises, qu'il prenait les bains, et qu'il avait besoin de rétablir son équipage, etc.... Je lui répondis que je lui réitérais l'offre de trois cents livres, et que je lui ferais passer cette somme par la messagerie, ce que j'ai fait.

Voilà, Monsieur, où j'en suis envers mon frère qui, d'ailleurs, a touché les six cents livres de sa gratification, en même temps que l'argent que je lui ai envoyé. Le reste de votre lettre me jetterait dans une espèce de nécessité de faire mon apologie, si j'attendais rien désormais des hommes. Sachez que rien n'est capable de m'effrayer que la crainte d'être injuste. Dieu m'a fait la grâce de me présenter seul et sans appui aux dangers de mes longs voyages solitaires dans le Nord, dans des campagnes pénibles, dans la mauvaise fortune, à l'inconstance des amis, à la perfidie des corps et des grands, aux intrigues des femmes. J'ose dire que dans toutes ces occasions je me suis montré homme. Mais la plus grande épreuve où Dieu ait mis ma faible raison, c'est lorsqu'il m'a placé dans la nécessité de choisir entre ce que je devais à ma patrie et à ma famille, à la justice et à la charité. Comme vous le dites bien, il est difficile de concilier toutes ces choses. La carrière de l'homme ne saurait être tracée que par sa raison. J'espère que la main qui m'a dirigé dans la mienne, me conduira à une fin utile à ma patrie, à mes amis et à ma famille, comme je n'ai cessé chaque jour de l'en prier. Que d'autres cherchent de vains honneurs, j'aurai vécu assez glorieusement si j'ai vécu libre.

Je suis avec, etc.

DE SAINT-PIERRE.

Ce 22 août 1783.

P. S. Je n'ai pas besoin de vous faire observer que cette lettre, renfermant un détail de mes peines, ne doit pas être communiquée; d'ailleurs elle est sans correction. Je vous ai aussi prié de ne mettre aucune qualification sur vos lettres. Laissez-moi m'appuyer de mes deux coudes sur la dernière marche où Dieu m'a placé.

N° 105.

✳

A MONSIEUR ***.

S'il était encore douteux que mon frère fût innocent, vingt-deux mois de prison requerraient sa liberté, parce que dans le doute il vaut mieux qu'un coupable échappe, qu'un innocent soit puni.

Mais son accusateur n'est-il pas suspect comme Anglais? il a accusé mon frère d'avoir voulu servir l'Angleterre; sa déposition n'est-elle pas absurde? La conduite du gouverneur de Saint-Domingue, qui a reçu cette dénonciation d'un ennemi contre un Français, et qui n'a employé ni confrontation ni conseil de guerre, n'est-elle pas dénaturée? L'état de fortune de l'accusé peut-il être celui d'un traître? Le silence des Américains, la pénétration du ministre de la marine, votre propre jugement, tout ne vous a-t-il pas parlé de son innocence?

Mon malheureux frère demande à retourner chez les insurgens où il a laissé son état, sa fortune et son honneur.

Rendez, Monsieur, sa liberté à l'amour de la justice et au souvenir de mes travaux. J'ai servi autrefois la marine, aux colonies, j'ose dire avec fruit, mais sans récompense, et même à mes dépens, car alors on n'y voyait pas le bon ordre que vous y avez établi. Je viens d'écrire à M. de Sartine; mais à quoi ont servi toutes mes écritures depuis l'emprisonnement de mon frère? Des ministres lisent mes Mémoires et se taisent, mes amis me plaignent et s'éloignent de moi, une sœur infortunée, qui ignore le sort de ce frère, me demande sans cesse de ses nouvelles, et je suis obligé de lui cacher ma douleur, et de la montrer à des hommes impassibles. En vain je cherche à me consoler en rassemblant des écrits qui sont le fruit de sept années de retraite, mon ame se trouble, la plume m'échappe des mains, et je douterais que je puisse désormais attendre quelque espèce d'équité de la part des hommes, si je n'en retrouvais encore le sentiment et le besoin au fond de mon cœur.

Quand au milieu des persécutions je regrettais dans la solitude de l'Ile-de-France et mes amis et mes parens, je me consolais par l'espoir de bien mériter de ma patrie, et par celui de faire un jour du bien à mes frères. Je parcourais à pied ses mornes et ses récifs, en composant des plans pour sa défense et son bonheur. Plût à Dieu que j'habitasse aujourd'hui le rocher le plus désert de ses rivages, loin de la fortune, des hommes, de l'Europe! Au moins les maux les plus cruels ne viendraient pas m'y chercher; au moins j'y conserverais encore l'espérance, et je n'aurais pas, pour prix de mes vœux et de mes travaux, éprouvé l'abandon des hommes que j'ai le plus aimés, et des départemens que j'ai le mieux servis.

DE SAINT-PIERRE.

N° 106.

A MONSIEUR HENNIN.

Monsieur et ancien ami,

Je suis inquiet de votre santé, vous n'avez point répondu à ma dernière lettre où je vous priais de demander un censeur à M. Lenoir, afin que je pusse lui remettre les neuf cahiers transcrits de mon ouvrage. J'en ai maintenant onze, il m'en reste encore un à faire, mais je suis si fatigué que je ne sais si j'en pourrai venir à bout dans le courant du mois d'octobre. J'ai des maux de tête habituels, pour m'être un peu trop appliqué.

Il serait nécessaire que le censeur eût dès à présent mon ouvrage entre les mains, car il le gardera au moins un mois ou six semaines, ce qui me jettera dans un grand retard si je ne le lui remets que quand il sera complet. Pendant qu'il examinera les onze cahiers complets, je mettrai le douzième au net. Cela lui sera d'autant plus facile, que ces cahiers renferment des traités particuliers. Au reste je ne demande à cet égard aucune faveur, sinon que mon censeur soit un homme de bien et qu'il croie en Dieu.

Je n'aurai point la consolation de vous aller voir, comme je me l'étais proposé; en outre qu'un exercice un peu violent ne me convient pas dans ma situation, je ne perds pas une heure du jour sans m'occuper de mon ouvrage. Ces considérations doivent vous déterminer à me donner plus souvent de vos nouvelles et à concourir, comme vous me l'avez promis, à lui faire voir le jour.

Au reste, prenez garde vous-même de trop vous occuper. Il n'y a point de fatigue pareille à celle du cerveau, elle trouble toute l'économie animale. Je suis sûr que si je travaillais encore deux mois, comme je fais depuis six, je tomberais grièvement malade. Assurez madame Hennin de mon respect et du regret que j'ai de ne pouvoir aller la voir, et agréez mes vœux pour votre prospérité et celle de votre famille. J'ai l'honneur d'être avec un sincère attachement et une considération respectueuse,

Monsieur et ancien ami,

Votre, etc.

DE SAINT-PIERRE.

A Paris, ce 30 septembre 1783.

N° 107.

A MONSIEUR HENNIN.

Monsieur et ancien ami,

Je viens de finir mon travail que j'ai porté à quinze cahiers grand papier, chacun de vingt-quatre pages, petite écriture; ils formeront, je pense, trois petits volumes. Il faut maintenant que vous me procuriez quelque occasion d'aller vous voir, afin que je sache où en sont mes affaires à Versailles, et que j'en consulte avec vous. Je ne connais plus personne dans le département de la finance, tout y est renouvelé. M. Mesnard est toujours à sa campagne dans un état de convalescence; on ne sait pas précisément quand il reviendra à Paris.

Je vis si solitairement que je ne connais personne qui puisse me donner des nouvelles de votre santé. Vos pilules fondantes vous ont-elles fait du bien? Au nom de Dieu prenez de l'exercice! le travail sédentaire est une lime sourde. Il était temps que je finisse le mien, ma vue se trouble le soir, je vois les objets doubles, surtout ceux qui sont élevés ou à l'horizon; mais ma confiance est en celui qui a fait la lumière et l'œil.

Agréez les assurances d'attachement et de considération, avec lesquelles j'ai l'honneur d'être,

Monsieur et ancien ami,

Votre, etc.

De Saint-Pierre.

A Paris, ce 6 décembre 1783.

Donnez-moi une occasion prochaine de vous aller voir. Je ne sais si je verrai à Versailles des choses aussi étranges qu'à Paris. Je sors de chez moi il y a six jours, et j'aperçois deux hommes voyageant en l'air à quinze cents pieds de hauteur. Je passe hier dans le quartier de l'ancien hôtel de Soissons, je vois la halle à la farine devenue la plus magnifique salle de bal de l'Europe, et une demoiselle que j'avais vue au bal, en Pologne, devenue marchande de farine à cette même halle. C'est la bonne mademoiselle de Laitre, qui m'a paru enchantée de me voir, et qui m'a parlé de vous avec abondance de cœur. Enfin c'est le monde renversé, mais j'espère que notre amitié sera toujours stable.

N° 108.

※

A MONSIEUR HENNIN.

Monsieur et ancien ami,

Vous ne me répondez point. Je vous ai demandé l'occasion que vous m'aviez offerte de vous aller voir, et vous ne m'en avez point indiqué. Quoique je n'aime pas à me déplacer, c'est une consolation pour moi de vous voir, je vous aurais consulté sur mes affaires. Je ne doute pas que les vôtres ne soient très-multipliées, mais vous n'en avez point à démêler de plus fâcheuses. En vérité, tout est conjuré contre moi; ma sœur à qui je n'ai rien à envoyer cette année, étant moi-même à la veille de manquer de tout; me fait parvenir des quittances de réparations dont elle a avancé le montant pour ma part. Ma petite portion de patrimoine dont ma belle-mère a l'usufruit, loin de m'être utile, m'est à charge par ces avances qu'il faut renouveler chaque année pour en réparer le fonds, qui consiste en maisons. Ma sœur me mande de plus que mon frère l'insurgent est à Dieppe depuis deux mois, où il se dit exilé; il lui donne du chagrin. Elle a été obligée, me dit-elle, de cesser de le voir; comme elle est très-prudente, elle ne s'étend pas beaucoup sur ses sujets de mécontentement, mais je ne doute pas, par ma propre expérience, qu'il n'ait mis sa patience à l'épreuve.

Tous ces contre-coups ne m'empêchent pas de travailler à mon ouvrage auquel j'ai donné toute la perfection dont je suis capable; mais vous ne connaissez pas jusqu'où va la tendresse d'un auteur pour sa production. Celle d'une mère pour son fils ne lui est pas comparable. J'ajoute ou je retranche toujours quelque chose à la mienne; l'ours ne lèche pas son petit avec plus de soin. Je crains à la fin d'enlever le museau au mien à force de le lécher. Je n'y veux plus toucher davantage ; ces distractions me sont arrivées bien heureusement ; il y a eu des momens où j'ai entrevu les cieux, éprouvant, à la vérité, dans ce monde des maux inénarrables.

En vérité, je ne crois pas que mes plus grands ennemis aient à se plaindre de moi. J'ai plus d'une fois fait du bien à ceux qui m'avaient fait du mal. Si j'ai fait tort à quelqu'un, du moins dans son opinion, j'ai tâché de le réparer de mon mieux. Si quelqu'un m'a rendu service, j'ai toujours cherché les occasions de lui donner des marques de ma reconnaissance d'une manière et dans des occasions qu'il ne prévoyait pas. J'ai quelquefois été assez heureux pour que ma gratitude ait été au-delà de son service, cependant je n'ai ni amis ni protecteurs. Par quels moyens en obtient-on donc, si ce n'est pas en méritant l'estime des hommes ?

Je ne dis pas ceci pour me vanter, mais pour me justifier. Quoi qu'il en soit, votre amitié n'a point de motif de se refroidir à mon égard, je n'ai jamais varié sur vos qualités personnelles, et quoique les dangers que j'ai courus et les travaux que j'ai entrepris sous vos yeux eussent dû me mériter, il y a longtemps, quelque récompense de la cour, je n'ai jamais rejeté son indifférence sur vous. Plusieurs personnes accréditées prétendirent que vous auriez pu faire valoir mes services dans leur saison, je n'ai cessé de leur opposer vos qualités personnelles et les contre-temps que vous aviez alors éprouvés vous-même.

Mais il n'y a encore rien de perdu, les fruits de mes veilles pourront faire reverdir ceux de mes services; venez à mon appui comme vous me l'avez offert vous-même, le moment en est arrivé, la fortune peut encore m'être contraire, mais votre amitié, ainsi que la mienne, doit être inébranlable.

J'ai l'honneur d'être avec un sincère attachement et une respectueuse considération,

Monsieur et ancien ami,

Votre, etc.

DE SAINT-PIERRE.

A Paris, ce 18 décembre 1783.

M. et madame Mesnard sont venus, cet été, collationner dans mon petit ermitage. J'ai dîné chez eux avant-hier, mais il n'y a pas moyen de parler d'affaire à M. Mesnard qui est convalescent d'une longue maladie, et qui, dans ce bouleversement de finance, serait peut-être bien embarrassé à me donner un conseil ; d'ailleurs, il faut trouver un moment favorable pour lui en parler, et, dans le tourbillon où il vit, ce n'est pas une petite affaire.

Mes respects à madame Hennin, s'il vous plaît.

N° 109.

✻

A MONSIEUR HENNIN.

Monsieur et ancien ami,

Quoique mon ouvrage soit fini, je n'ai point encore demandé de censeur, parce que nous sommes à la veille des fêtes, et parce que M. de Néville, à qui il aurait fallu m'adresser, va avoir un successeur; tenez ceci secret, je vous prie. J'attendrai donc encore une quinzaine, et ce temps me servira à le retoucher çà et là; il en a besoin. La carrière nouvelle que j'ai ouverte ne m'a point fourni de termes nouveaux; il a fallu souvent répéter les mêmes.

Mais, malgré ces défauts qui viennent de l'incapacité de l'ouvrier, j'ose dire que le fond de mon ouvrage est propre à répandre une lumière admirable sur toutes les parties de la nature, et à renverser les méthodes qu'on emploie pour l'étudier. Quel riche sujet entre des mains plus heureuses! j'ai dirigé mon travail au sens de ma devise *miseris succurrere disco*, c'est-à-dire au bonheur du peuple, et j'ajouterai encore au plaisir du Roi, des bienfaits duquel j'ai vécu jusqu'à présent, libre et content. Je ne me suis proposé d'autre récompense de sa part qu'un petit coin de terre dans quelque solitude, aux environs de Paris ou de Versailles; c'est à quoi je borne tous mes vœux, mais que la volonté de Dieu soit faite. Je ne sais pas de quoi je vivrai pendant l'année où nous allons entrer; vous m'offrez votre bourse : que Dieu vous récompense de cette bonne volonté! mais moi, qui étais content de payer mes anciennes dettes et de mourir, jugez quel chagrin c'est pour moi de les augmenter. Si j'ai besoin de vos services, j'y aurai recours, mais principalement en ce qui regarde l'impression de mon livre, sur le produit duquel je vous donnerai une délégation, afin d'assurer votre fonds. Nous parlerons de cela quand le moment en sera venu, et qu'il aura passé à la censure.

Vous comptez, dites-vous, me servir auprès du premier commis des finances qui n'est plus à Versailles; il s'en fallait beaucoup que je comptasse sur son amitié. 1° Il n'a jamais daigné répondre à aucune de mes lettres; 2° il m'a toujours mal reçu, et si vous voulez que je vous dise ce que je crois avoir été la cause de sa froideur pour moi, ce sont certaines propositions de mon ouvrage qui ont scandalisé un abbé de ses amis intimes à qui je les avais lues. Elles portent sur les constitutions monastiques et sur celles de nos colléges, qui ne valent pas mieux. Je leur attribue une partie des désordres tant physiques que moraux de nos sociétés. Cet ecclésiastique fut si frappé des conséquences que j'en tirais, que quoiqu'il eût élevé aux nues presque toutes les parties de mon ouvrage, mes conséquences morales le rendirent froid comme un marbre. Il ne paya ma dernière lecture que du plus profond silence. J'en fus si piqué à la fin, que je lui dis en le quittant : M. l'abbé, les gens d'église ne cherchent pas plus la vérité que les gens du monde, avouez-le. Ils ne prônent que les gens de leur parti. Il me répondit que je disais la vérité. Six semaines après, le ministre des finances me signifia que ma gratification m'était supprimée, et son premier commis me donna plusieurs marques de dureté. Peut-être y a-t-il eu quelque autre cause; mais voici la réflexion que je fis à cette occasion, c'est qu'il ne suffisait pas de mettre en évidence les causes des maux d'un État, qu'il fallait en même temps y proposer des remèdes, sans quoi l'ouvrage le mieux raisonné n'était qu'une satire faite contre l'administration. En conséquence, je me déterminai à ajouter à mes études un chapitre où j'ai indiqué plusieurs plans nouveaux, propres à réparer ce que je trouvais de vicieux dans nos anciennes constitutions. De tous les sujets que j'ai traités dans mon ouvrage, c'est celui que j'ai fait avec le plus de plaisir.

J'irai voir M. Mesnard dans quelques jours pour lui souhaiter la bonne année, mais il faut que j'attende qu'il s'ouvre à moi au sujet de M. de Calonne. En attendant, recevez mes vœux pour votre prospérité, celle de madame Hennin et de votre famille; que Dieu vous donne des forces proportionnées à votre travail, et qu'il ne vous fasse pas perdre de vue les petites relations de l'amitié au milieu des grands intérêts de la politique; c'est à la constance que l'on reconnaît les ames d'une bonne trempe.

Je suis avec une considération respectueuse et un parfait attachement,

Monsieur et ancien ami,

Votre, etc.

De Saint-Pierre.

A Paris, ce 25 décembre 1783.

Je n'ai rien à risquer auprès de M. le comte de Vergennes, puisque je n'ai plus rien à perdre. Je peux bien hasarder encore une feuille de papier respectueuse. Je suis fondé d'ailleurs à le solliciter pour le rétablissement de ma gratification. Peut-être qu'après m'avoir repoussé comme ministre des affaires étrangères, il m'accueillera favorablement comme sur-intendant des finances.

Cependant je ne veux rien faire contre votre intention. J'exécuterai mon projet dans cinq jours d'ici, si vous ne vous y opposez pas.

N° 110.

✼

A MONSIEUR HENNIN.

Monsieur et ancien ami,

Les Persans disent en proverbe, que le plus étroit du défilé est à l'entrée de la plaine; si ce proverbe est vrai, mes malheurs vont finir, car ils sont à leur comble.

J'ai reçu avant-hier une lettre du major de la place de la ville de Ham, en Picardie, qui me mande que mon frère, qui a été ci-devant prisonnier au château de cette ville, vient de se retirer auprès de lui dans une situation d'esprit et de fortune également déplorables. Il ajoute qu'il est sans argent, sans ressource, et que la folie et le besoin sont capables de le porter aux plus grandes extrémités. Et que puis-je, moi qui suis sans argent et sans ressources? Cependant dans cette détresse extrême et au milieu de l'appréhension d'être déshonoré par quelque coup de désespoir de la part de cet infortuné, j'ai levé les yeux vers le ciel et il m'est venu une inspiration.

J'ai pensé à M. le baron de Breteuil, et en conséquence je lui ai envoyé le détail de l'affaire qui avait fait arrêter mon frère à Saint-Domingue, sur l'étrange accusation d'un capitaine de vaisseau de guerre anglais, qui l'a dénoncé auprès d'un gouverneur de colonie française, comme auteur d'un projet utile à l'Angleterre.

J'ai fini ma lettre par dire à M. le baron de Breteuil que je lui avais donné toutes les marques d'attachement dont j'étais capable; que ma fortune, dont je lui ai fait le tableau en deux mots, m'obligeait de me rapprocher de lui pour lui demander, non pas quelque retour de bienveillance pour moi, mais un peu d'appui pour mon malheureux frère. Ma lettre doit lui faire verser des larmes si son cœur n'est pas de rocher.

J'ai mis avant-hier, vendredi, à midi cette lettre à la poste pour Versailles, et j'y ai joint celle du major de Ham, afin de constater l'état affreux et inquiétant où est mon frère; j'ai écrit pareillement au ministre de la marine. Si de votre part vous pouvez faire quelque chose auprès de votre impassible ministre, vous m'obligerez infiniment.

Je ne sais point si ma gratification sera rétablie; cependant je me suis déjà engagé dans le labyrinthe de l'impression de mon ouvrage. J'ai eu le bonheur de trouver dans M. de Villedeuil, nommé à la place de M. de Néville, l'homme du monde le plus honnête, il m'a donné un censeur à mon choix, et j'ai choisi M. Sage. Hier j'ai porté chez lui mon manuscrit; il n'y était point; je l'ai laissé à des dames de ses amies qui gouvernent sa maison; j'ai vu son magnifique laboratoire, et à la vue de cette multitude de petites fioles, j'ai douté en moi-même qu'un savant qui décompose ainsi la nature, fût bien favorable à un ouvrage qui blâme les procédés partiels, et qui veut qu'on l'étudie, non pas dans les causes et en détail; mais dans l'ensemble et dans les résultats. Chacune de nos sciences n'est qu'un cul-de-sac, qui mène au matérialisme. Je ne dis pas ceci de la chimie seulement, mais de toutes les autres prises en particulier. Il me semble donc que d'être examiné sur un ouvrage sur la nature, par un chimiste, un botaniste, un astronome, ou un géomètre, c'est comme si, ayant écrit sur la politique, on donnait mon Mémoire à examiner à un marchand, à un laboureur ou à un marin. Chacun de ces hommes de condition particulière, ne manquerait pas de l'apprécier suivant les relations qu'il aurait avec son état, et s'il y en apercevait peu ou qu'il y remarquât qu'on voulait même y apporter quelques restrictions, il finirait par le blâmer, sans faire attention que l'étude de la politique n'est pas de donner à quelque état de citoyen en particulier une grande extension, mais de répandre de l'harmonie dans leurs différentes classes, et que leur ensemble soit heureux. Je m'exprime rapidement, mal, sans brouillon, mais je sens bien ce que je veux dire. Quoi qu'il en soit, M. Sage n'a encore que la première partie de mon ouvrage, et je ne lui communiquerai l'autre qu'autant que je le verrai satisfait du commencement. Cependant j'augure bien de sa réputation et de son nom.

Telle est ma position, Monsieur et ancien ami; vous sentez combien elle est cruelle, si les ministres, auxquels j'ai écrit à l'occasion de la malheureuse et urgente position de mon frère, me payaient à l'ordinaire d'une apathie ministérielle; faites-moi le plaisir de vous informer indirectement de leur intention, et de m'en faire part. Donnez-moi promptement de vos nouvelles, ou je penserai que vous n'aimez pas à recevoir des miennes; en attendant je bénis la main qui m'anéantit, et me résigne de tout mon cœur à la Providence divine.

Je suis avec une sincère amitié et une respectueuse considération,

Monsieur et ancien ami,

Votre, etc.

De Saint-Pierre.

A Paris, ce 25 janvier 1784.

N° 111.

A MONSIEUR HENNIN.

A Paris, ce 6 avril 1784.

Monsieur et ancien ami,

Enfin me voilà tiré des mains des censeurs; il m'en est arrivé à peu près autant qu'au voyageur Chardin, qui, ayant été obligé de passer par les forêts et les montagnes de la Mingrelie, fut pillé par la princesse du pays et par les douaniers turcs, de manière qu'il se crut vingt fois ruiné de fond en comble; mais étant enfin arrivé avec sa pacotille dans un pays policé, et examinant l'état de sa perte, il trouva qu'elle ne montait qu'à un pour cent : encore n'était-ce qu'un objet de peu de valeur comme ciseaux, petits couteaux, etc.

Il m'en est advenu à peu près autant en quantité et en qualité; au reste j'aurais fait de moi-même une partie de ces retranchemens. Je n'ai pas besoin de me faire d'ennemis, et je n'ai entrepris mon ouvrage que pour rapprocher tous les corps de la nation les uns des autres, et surtout du prince.

Mon vieux censeur théologien, qui a été mon seul déprédateur, m'a protesté qu'il n'avait jamais vu la physique traitée ainsi, que j'avais fait de véritables découvertes, et m'a donné plusieurs fois les épithètes de délicieux et de divin. Je sais combien il faut rabattre de ces éloges, mais ils me font plaisir. Pour être utile il faut être agréable, et j'ose espérer que le tribut que je devais à Dieu et aux hommes plaira à mon siècle.

Venons maintenant au dîner que vous voulez bien me faire l'amitié de prendre chez moi. J'ai fait part de votre proposition à M. et à madame Mesnard, auxquels elle a fait autant de plaisir qu'à moi-même. J'ai précisément une table ronde où il peut tenir quatre personnes. Je vous donnerai des viandes simples, parmi lesquelles se trouvera un grand pâté que veut me donner madame Mesnard, du vin naturel, mais d'un bon naturel, d'excellent café et du punch que je fais supérieurement, soit dit sans vanité, comme tout ce que j'ai dit ci-dessus.

La nature doit faire les principaux frais de ma petite fête; ainsi j'attends qu'elle ait tapissé de verdure les parterres et pavoisé de feuillages et de fleurs les bosquets d'arbres de mon paysage; elle y travaille jour et nuit. Si vous étiez un homme qui l'observiez, je vous dirais : Mettez-vous en route dès que vous verrez le marronnier jeter ses girandoles; mais vous n'observez que les mouvemens des puissances humaines. Mandez-moi donc quel est le jour de la fin de ce mois où vous serez libre, c'est-à-dire, inclusivement depuis le 26 jusqu'au 29; j'en ferai part à madame Mesnard, et s'il lui convient, je vous le ferai savoir.

Ne différez pas à me donner de vos nouvelles, et agréez les assurances de l'attachement inviolable et de la respectueuse considération avec lesquels j'ai l'honneur d'être,

Monsieur et ancien ami,

Votre, etc.

De Saint-Pierre.

N° 112.

A MONSIEUR HENNIN.

Monsieur et ancien ami,

J'ai maintenant les approbations de mes deux censeurs, au moyen desquelles je vais avoir incessamment la permission d'imprimer. Il faut à présent que je traite définitivement avec le marchand de papier et l'imprimeur, ce que je ne peux faire sans argent. J'ai accepté l'offre que vous m'avez faite de m'avancer les frais de mon édition; ainsi il est à propos que vous me fassiez toucher actuellement un millier d'écus, et à peu près pareille somme dans trois mois.

Je ne vous ai rien marqué sur les remboursemens de cette somme; mais mon intention est de ne pas toucher à un écu provenant de la vente de mon ouvrage que je ne vous en aie remis les avances.

Dans tous les cas, je vous hypothéquerai mon édition, afin que vos fonds aient toutes les assurances que je suis capable de vous donner.

Mon dernier censeur m'a conseillé de ne point faire de frais de gravure pour la première édition, mais de les réserver pour une seconde; il ne doute pas, ainsi que M. Sage', qu'elle n'ait un grand succès, et vous pensez bien que je suis porté moi-même à le croire par l'essai de mon *Voyage à l'Ile-de-France* dont les sujets étaient sans comparaison bien moins intéressans pour la nation et pour l'étude de la nature; mais, en prévoyant toutes les catastrophes possibles, j'ai voulu vous indiquer les ressources qui vous restaient, puisqu'il faudrait la vente la plus défavorable pour que les frais de papier et d'impression ne pussent pas vous rentrer.

Répondez-moi donc promptement à cette occasion, et demandez-moi toutes les sûretés que vous croirez convenables ; je vous les donnerai si elles sont en mon pouvoir.

Ne différez pas non plus de me mander quels sont les jours de la semaine où vous pouvez venir à Paris prendre chez moi un mauvais dîner, afin que je puisse le proposer à M. et à madame Mesnard, et que je vous mande ensuite quel est celui de ces jours-là qui leur sera commode à eux-mêmes.

Ce ne peut être dans le cours de ce mois, car la saison est si retardée que mon paysage ne diffère point de celui du mois de janvier, la neige exceptée. Nous sommes sur les limites de l'hiver et de l'été, et il me serait bien déplaisant que, faute d'avoir différé d'une semaine, je vous offrisse de mes fenêtres une perspective noire et sombre au lieu d'un horizon de fleurs et de verdure.

Pour moi j'estime que ce moment heureux arrivera dans la première semaine de mai, du 3 au 6 inclusivement, ou au plus tard dans la seconde, du 10 au 13.

En attendant, recevez mes vœux pour votre prospérité physique et morale, et les assurances du sincère attachement et de la considération respectueuse avec lesquels je suis pour la vie,

Monsieur et ancien ami,

Votre, etc.

De Saint-Pierre.

A Paris, ce 16 avril 1784.

Songez qu'il n'y a point de temps à perdre. Il faut au moins six mois pour l'impression de mon ouvrage, et il est essentiel qu'il paraisse et soit annoncé pour la nouvelle année.

N° 113.

✻

A MONSIEUR HENNIN.

Monsieur et ancien ami,

Il y a environ un mois que madame Mesnard m'offrit d'elle-même de me prêter l'argent nécessaire à l'édition de mon ouvrage ; je la remerciai en lui disant que vous m'aviez fait la même offre, car c'est ainsi que j'avais interprété la lettre où vous me proposiez de me prêter de l'argent, et de m'aider dans l'impression de mon livre. J'ajoutai les raisons qui m'engageaient à vous donner la préférence et que je vous ai marquées, telles que l'espérance que je concevais de voir vos avances peut-être passées en gratifications de la part de votre département, si mon ouvrage venait à intéresser le gouvernement. J'ai depuis communiqué votre réponse à M. et madame Mesnard, où vous vous excusez de me rendre ce service sur la grandeur de la somme dont j'ai besoin, et je les vois balancer à leur tour, car l'exemple d'autrui a beaucoup de pouvoir dans ce monde.

Je ne suis, comme vous voyez, guère propre à négocier mes intérêts; mais je ne me repens pas d'avoir agi avec simplicité. Voici ce que j'ai à répondre aux conseils que vous me donnez de vendre mon manuscrit à un libraire, et d'attendre à une seconde édition pour en tirer du bénéfice.

1°. Pour le vendre à un libraire, il faut lui en laisser prendre lecture, et souffrir qu'il consulte à ce sujet quelque homme de lettres; mais mon ouvrage contient des vérités si nouvelles et si faciles à saisir, que les communiquer, surtout à un homme de lettres, c'est les divulguer.

2°. Vendre un manuscrit est le plus mauvais parti que puisse prendre un auteur ; c'est la ressource des écrivains qui débutent, et qui n'ont ni amis, ni argent, ni crédit. Tous les autres font imprimer à leurs frais, parce que c'est le seul moyen de tirer quelque bénéfice de son travail.

3°. Comment pouvez-vous supposer qu'ayant abandonné le profit d'une première édition qui a pour elle l'attrait de la nouveauté, et qui, par cet attrait même, échappe aux contrefaçons, je puisse espérer quelqu'avantage d'une seconde? Je ne serai pas plus en état de faire les frais de cette dernière que de la première.

4°. L'inconvénient des contrefaçons menace également le libraire qui fait les avances d'une édition comme l'auteur même, et sert au premier de prétexte ordinaire pour n'offrir presque rien d'un manuscrit. J'ai à y opposer un privilège que j'ai payé qui doit m'en assurer la jouissance à perpétuité.

Considérez maintenant, d'une part, les demandes exorbitantes du libraire qui avance son argent, et dont je vous ai donné un aperçu tant pour le prix des planches, du papier, des brochures et de la vente des exemplaires qui consume presque totalement le profit de l'édition; et de l'autre, les avantages que je trouve à faire imprimer à mes frais. J'ai trouvé un imprimeur honnête homme qui m'offre, pourvu que je paye comptant, et que j'attende jusqu'à la fin de juin, de m'imprimer à un louis la feuille, de me fournir de beau papier à dix francs la rame; j'ai de plus un libraire qui vendra mon ouvrage à vingt sols l'exemplaire; je lui en associe, au même prix, plusieurs autres également intéressés à veiller aux contrefaçons. Ainsi, économisant près de moitié sur les frais d'impression et de vente, il résulte que mon édition doit me rapporter près de dix mille francs de bénéfice.

En supposant que la vente n'en soit pas favorable, je dois au moins espérer que je vendrai le tiers d'un ouvrage qui a mérité des éloges extraordinaires de la part de mes deux censeurs, et qui renferme des choses, j'ose dire, très-neuves; cette vente du tiers suffit pour rembourser toutes les mises dehors.

Je désire donc savoir maintenant de vous ce que vous avez compté m'avancer pour les frais d'impression lorsque vous m'avez proposé de *m'être utile* dans cette occasion, afin que, joignant cette somme aux avances que

M. Mesnard est disposé à me faire, je parachève mon entreprise à l'aide d'un peu de crédit que j'obtiendrai avec cet argent comptant dont je n'ai d'ailleurs besoin que dans deux mois d'ici.

Songez que je pose maintenant la base de ma fortune. Ne me conseillez plus d'abandonner le travail de dix années d'observations à la rapacité de nos libraires mercenaires. Aidez-moi à recueillir ce dernier fruit de ma vigne, c'est le seul sur lequel je puisse compter. Vous savez vous-même combien peu m'ont profité mes services et mes courses, qu'il n'en soit pas ainsi du fruit de mes veilles, l'âge m'ôtera bientôt cette dernière ressource. Rappelez-vous que j'ai fait, il y a dix ans, une expérience heureuse de la bienveillance publique à l'égard de mes productions, et qui ne tourna point à mon profit pour avoir suivi le plan que vous me tracez aujourd'hui.

Si l'état de vos affaires ne vous permet pas de me fournir tous les secours que j'attendais de votre bourse, au moins ne vous opposez pas, par vos conseils, à la bienveillance de M. et madame Mesnard, qui m'auraient déjà prêté cet argent si je n'avais pas compté sur vous.

Ils me font l'un et l'autre l'honneur d'accepter, jeudi prochain 6 mai, un mauvais dîner dans mon ermitage; nous vous attendrons, suivant votre promesse, jusqu'à trois heures. J'espère bien certainement que vous me donnerez cette marque d'amitié.

Je suis avec un constant attachement et une considération respectueuse,

Monsieur et ancien ami,

Votre, etc.

De Saint-Pierre.

A Paris, ce 29 avril 1784.

M. le maréchal de Castries m'a fait l'honneur de me mander, il y a huit jours, qu'il avait fait conduire, il y a plus d'un mois, mon malheureux frère de Paris à Saint-Venant, pour prévenir les suites fâcheuses du dérangement de son esprit. Jugez de mon sort, d'être obligé de compter les malheurs de ma famille au nombre des bonheurs de ma vie.

Je demeure rue Neuve Saint-Étienne, à une porte cochère verte, la troisième ou quatrième après les Pères de la doctrine. Lorsqu'on est dans la cour de ma maison, il faut, pour me trouver, prendre à droite par un petit escalier, et y monter jusqu'à ce qu'on en trouve la fin.

N° 114.

✻

A MONSIEUR HENNIN.

Monsieur et ancien ami,

L'exemple d'autrui, comme je vous l'ai mandé, gouverne les hommes : M. Mesnard ne me prête, ainsi que vous, que cinquante louis, et par les mêmes raisons, c'est-à-dire faute de finances. Je ne doute pas toutefois qu'elles ne soient très-fondées de l'une et de l'autre part, et je n'en suis pas moins sensible à ces nouveaux témoignages de votre amitié et de la sienne.

Il s'agit maintenant de faire imprimer un

livre en quatre volumes avec cent louis. J'en retrancherai d'abord tous les objets de luxe, comme les gravures, dont quelques-unes cependant y auraient été nécessaires. Je tâcherai de réduire les frais de mon édition à deux cents louis. Peut-être la réduirai-je à trois volumes. Je tâcherai de trouver du crédit chez le marchand de papier qu'il me fera sans doute bien payer. Pour l'imprimeur, il m'emportera seul plus de quatre-vingts louis, et comptant, car il faut payer ses ouvriers à la fin de chaque semaine ; sur quoi je vous prie d'observer qu'une fois l'édition de mon ouvrage commencée, vous aurez la bonté de me faire toucher les cinquante louis que vous me prêtez aux termes où vous m'en avez promis les différens paiemens, sans quoi ma cloche resterait à moitié fondue si le métal venait à cesser de couler; ce serait un embarras plus grand que vous ne pouvez l'imaginer; car il me faut cinq compositeurs qu'on a bien de la peine à rassembler, et qu'il faut payer bien exactement chaque semaine, sans quoi ils s'en vont, l'édition en reste là, et l'auteur ressemble alors à un fondeur qui a manqué sa cloche.

Avant de rien statuer avec l'imprimeur et le

marchand de papier, j'ai voulu faire une tentative pour emprunter encore cent louis. Je me suis adressé à M. le maréchal de Castries en le priant de me faire prêter cette somme sur les fonds de la marine, et promettant de la rendre dans l'espace d'un an. M. Mesnard m'a conseillé même de lui mander les services que vous et lui me rendiez dans cette circonstance, ainsi que les noms de mes censeurs qui ont porté un jugement si favorable de mon ouvrage. C'est ce que j'ai fait hier, et j'attends une réponse à cette occasion.

Après cela nous ferons voile suivant le vent. Je l'ai toujours trouvé bien contraire jusqu'à présent; il ne faut pourtant pas abandonner le gouvernail; vivre, c'est combattre; le plus difficile de tous ces combats est avec soi-même. Ma vue, comme je vous l'ai dit, s'affaiblit, et j'ai depuis un mois une douleur dans le bras droit dont le siége est dans le *cubitus*, pour parler en docteur, mais l'origine en est dans les nerfs.

J'ai besoin de dissipation, je médite trop. Je comptais aller ce mois-ci à la Bonnière en Touraine, mais M. Mesnard n'y ira point, à cause des indispositions de madame et des fortes chaleurs de la saison. Procurez-moi le plaisir de vous voir de temps en temps ; il me serait fort agréable de partir d'ici par la voiture d'un de vos amis le dimanche matin, de dîner avec vous, et de m'en revenir le soir ; mais il fait déjà trop chaud pour faire cette course à pied, étant vêtu surtout au mois de juillet comme au mois de janvier. Vous m'avez proposé l'occasion d'un de vos confrères, peut-être aussi que M. Tronchin ou M. le baron de …. vont revenir à Paris.

J'ai la plus grande envie de saluer madame Hennin ; si j'avais pu soupçonner qu'elle eût désiré voir mon ermitage, et accepter un mauvais dîner chez moi, ç'aurait été par elle que j'aurais commencé à vous inviter. M. Mesnard m'a dit que vous aviez trouvé mon dîner si bon que vous aviez été trois jours sans manger ; sûrement vous avez voulu plaisanter. Le plus petit de vos dîners est plus abondant que celui que je vous ai présenté. Laissez-moi faire fortune à ma fantaisie, et je vous donnerai, ainsi qu'à madame Hennin, des festins champêtres dans des sites et avec des mets inconnus au luxe de Versailles.

Agréez les sentimens d'amitié et de reconnaissance avec lesquels je suis pour la vie,

Monsieur et ancien ami,

Votre, etc.

De Saint-Pierre.

A Paris, ce 19 mai 1784.

N° 115.

A MONSIEUR HENNIN.

A Paris, ce 29 mai 1784.

Monsieur et ancien ami,

Je viens de recevoir votre billet au porteur, de six cents livres, sur M. Rilliet, banquier. Vous tenez plus tôt que vous ne promettez et que je n'ai besoin; car l'impression de mon ouvrage ne commencera que vers les premiers jours de juillet. Je garderai votre billet en attendant, et j'en irai toucher le montant vers ce temps-là ; alors je vous enverrai une reconnaissance de cette somme, au paiement de laquelle j'hypothéquerai toute mon édition.

Je n'ai point reçu de réponse de M. le maréchal de Castries. Il me va falloir négocier un peu de crédit avec beaucoup de prudence.

M. Mesnard m'a offert son marchand de papier ; mais comme ce papetier ne fournit que des bureaux, je pense qu'il prendra à crédit le papier d'impression dont j'aurai besoin, et qu'il pourra bien me faire payer ses avances un peu cher ; c'est de quoi je serai assuré dans peu de jours.

Je vous remercie du service généreux que vous me rendez en cette occasion ; vous venez de poser la première pierre de ma fortune. Ne négligez pas, Monsieur et ancien ami, les occasions qui se présenteront de me faire faire le voyage de Versailles ; j'ai le plus grand désir de saluer madame Hennin. Si elle et vous venez cet été à Paris pour voir le Jardin du Roi, engagez-la à faire un acte de charité en montant dans mon petit ermitage, je lui offrirai un panier de fruits, de la bière, une bonne brioche toute chaude et que mon pâtissier fait par excellence.

Je me recommande à son souvenir et au vôtre, et suis avec les témoignages d'un sincère attachement et d'une considération respectueuse,

Monsieur et ancien ami,

Votre, etc.

De Saint-Pierre.

N° 116.

A MONSIEUR HENNIN.

Monsieur et ancien ami,

En vérité je fais plus de cas des démarches que vous faites pour moi que du service qui en doit résulter. Comment! vous êtes au milieu des accès de fièvre, et vous allez et venez à mon occasion chez les ministres et dans leurs bureaux pour en obtenir quelques secours d'argent pour moi! Si j'avais entrepris les mêmes sollicitations et dans les mêmes lieux, quoique j'aie le sang assez froid, je suis persuadé que j'y aurais attrapé la fièvre.

Personne n'est moins propre que moi aux négociations; je viens d'en réitérer les expériences. J'avais compté sur la parole d'un imprimeur qui devait m'imprimer à un louis la feuille, et sur celle d'un marchand de papier qui m'avait promis du crédit; quand l'un et l'autre ont vu que je n'avais pas la moitié des fonds nécessaires à l'exécution de mon ouvrage, ils m'ont fait des demandes si exorbitantes et ont imaginé tant de difficultés, que je n'ai pu conclure avec eux. Ce qui m'a le plus fâché en ceci n'est pas seulement le temps perdu, mais de ce que j'avais déterminé mon choix sur l'imprimeur, parce que je le croyais un honnête homme malheureux. J'ai eu recours à d'autres avec aussi peu de succès : l'un n'avait pas le temps de me livrer mon ouvrage au terme que je demandais ; c'est-à-dire vers la Toussaint; un autre voulait de l'argent comptant; un autre, avec lequel j'ai été au moment de conclure, a pris de la méfiance à mon sujet, précisément parce que je lui ai parlé de mes affaires avec franchise. Mais le meilleur marché que j'aie trouvé chez eux était à raison de vingt-sept francs la planche. Enfin je balançais si je ne vous renverrais pas votre billet de vingt-cinq louis, et à M. Mesnard pareille somme qu'il m'a envoyée, lorsque je me suis avisé de retourner chez Didot le jeune où j'avais été en premier lieu et où on avait offert de m'imprimer, à raison de trente-deux francs. J'ai proposé vingt-sept francs, de payer la rame de papier onze francs et de donner cinq cents francs argent comptant au commencement de l'impression de chaque volume, mon édition faisant bon pour le reste du paiement. Le prote a porté mes propositions à l'imprimeur qui les a acceptées.

De retour chez moi, j'ai vu d'après une épreuve de deux pages in-douze qui avait été faite sur un de mes cahiers, que mon manuscrit ne fournissait que trois volumes, en retranchant une dernière étude qui y est en hors-d'œuvre et qui m'apportait beaucoup d'obstacles pour la division de mes volumes en trois, sans qu'elle pût faciliter la division en quatre, étant beaucoup trop insuffisante.

Je me suis donc fixé à trois volumes, et au lieu de cinq cents francs j'en ai promis sept cents d'avance par volume, ce qui a été fort agréablement reçu du prote.

Pendant que le prote faisait imprimer quelques pages d'épreuves afin de déterminer le caractère et le papier qui doit servir à l'impression, j'ai reçu votre agréable lettre; je l'ai portée sur-le-champ chez M. Sage qui était à la campagne. Je viens de la lui envoyer aujourd'hui, nous verrons à quoi il se déterminera et l'effet que produira son suffrage auprès du ministre.

J'ai demandé au prote, en revenant de chez M. Sage, quelle remise me ferait l'imprimeur si je payais l'impression entière argent comptant; il m'a dit de sa part qu'il me remettrait dix sous par rame de papier. Cela fait encore un petit bénéfice, mais quoi qu'il arrive, mes arrangemens sont faits maintenant et vont être signés incessamment. Si j'ai de l'argent comptant pour tout l'ouvrage, je ferai tirer à deux mille, ce qui ne me coûtera que deux francs douze sous de plus par feuille. Je ferai faire aussi quelques gravures; ce qui me sera encore plus agréable dans tout ceci, c'est que, quoique je reste redevable de cet argent, l'avance qui m'en sera faite sera une grande marque de bienveillance de la part du ministre.

Venons maintenant à l'état de votre santé.

Ayons recours, croyez-moi, à la diète végétale; abstenez-vous dans ces temps de chaleur des alimens gras qui produisent beaucoup de bile, et de la viande qui alkalise le sang. Je suis persuadé que vous dormez peu ; je vous indiquerai l'usage d'un végétal qui provoque le sommeil, produit un bon sang et est d'une digestion facile, c'est celui de la laitue crue et cuite. Si vous n'en croyez pas à mon expérience, reposez-vous sur celle de Galien et de Dioscoride qui recommandent l'usage de cette plante pour produire les effets que je viens vous dire.

Je me flatte que si vous ne me procurez pas quelque occasion de vous aller voir dans le cours de cet été, vous me donnerez au moins le plaisir de pouvoir présenter quelques fruits à madame Hennin dans mon ermitage. Madame et M. Mesnard m'ont promis d'y venir prendre une collation. Mon petit jardinet a été bien maltraité par le vent et par l'hiver dernier; mais je me flatte d'avoir une espèce de berceau dans un mois d'ici.

Je vous souhaite en attendant une meilleure santé; la mienne est souvent dérangée par des affections de mélancolie. J'ai toujours mal au bras de cette main dont je vous écris, mais j'attends ma guérison de l'auteur même de la nature. Je suis avec une vive reconnaissance et une respectueuse considération,

Monsieur et ancien ami,

Votre, etc.

De Saint-Pierre.

A Paris, ce 15 juin 1784.

N'oubliez pas de me rappeler au souvenir de madame Hennin et à celui de madame de Céfonds. Si vous en trouvez l'occasion, faites ma cour aux ministres et aux dames qui sont les ministres de nos destinées, à ce que dit le bon La Fontaine.

N° 117.

❋

A MONSIEUR HENNIN.

Monsieur et ancien ami,

M. Sage m'a envoyé hier une lettre, sous cachet volant, pour M. le maréchal de Castries ; il y entre parfaitement dans vos vues. Il lui rappelle en peu de mots que jai donné au public un ouvrage sur l'Ile-de-France, auquel il donne l'épithète de *très-intéressant*, qu'il espère que celui dont il a été le censeur ne sera pas moins bien accueilli du public, et qu'il l'assure qu'il est digne d'intéresser un ministre aussi éclairé que lui. Il finit, en termes certainement trop obligeans, par faire un éloge de mes qualités personnelles qui m'ont acquis, dit-il, son estime particulière.

Vous voyez bien que c'est me servir sur les toits. J'ai fait partir la lettre dont vous aurez la réponse avant moi; quelle qu'elle soit, j'ai conclu avec mon imprimeur par un écrit signé mutuellement. Je lui ai déjà donné six cents livres; on commence la première feuille, et mon édition, suivant nos conventions, doit être finie au plus tard dans le courant d'octobre.

Je vais passer aujourd'hui chez M. Moreau, graveur, afin d'avoir au moins quelques planches d'histoire naturelle de sa main. C'est une marchandise chère; mais comme je me ménage six cents livres sur mon capital de cent louis, j'en réserve une centaine d'écus pour cet objet, ne doutant pas que M. Moreau qui a gravé les planches de mon ouvrage sur l'Ile-de-France, ne me fasse un peu de crédit.

Ces planches me seront nécessaires pour l'intelligence de quelques parties de mon ouvrage, pour empêcher les contrefaçons, etc.

Si le ministre de la marine m'avance de l'argent, j'obtiendrai des remises de l'imprimeur et du graveur, et je ferai tirer à deux mille exemplaires.

Voilà, Monsieur et ancien ami, où j'en suis; j'ai dîné hier chez madame Mesnard; M. Mesnard dînait en ville, et étant revenu dans l'après-midi, il m'a fortement engagé à y revenir la semaine prochaine, où j'espère lui porter quelque bonne nouvelle qui sera le fruit de vos soins.

Je vous en remercie de tout mon cœur; mais quand vos demarches auxquelles je suis très-sensible seraient sans effet, mon affaire ira toujours, et elle est en bon train.

Je n'ai point encore réalisé votre billet; mais je le porterai cet après-midi chez votre banquier, afin d'avoir du comptant pour le graveur.

Je suis avec une vive reconnaissance et une respectueuse considération;

 Monsieur et ancien ami,

  Votre, etc.

   De Saint-Pierre.

A Paris, le 17 juin 1784.

N° 118.

A MONSIEUR HENNIN.

Monsieur et ancien ami,

J'ai touché le montant de votre billet de six cents livres chez MM. Rissiot, banquiers. Je vous envoie une reconnaissance de cette somme, ne sachant plus si je ne vous en ai pas envoyé une à la réception du billet même. En ce cas vous brûleriez une des deux.

J'ai mille choses dans la tête, qui me font perdre la mémoire. J'ai les soins de mon petit ménage, la femme qui en était chargée étant tombée malade. D'ailleurs c'est un opéra de faire imprimer, surtout avec peu de crédit et de moyens. L'imprimeur m'a promis deux planches à la fin de cette semaine, et de les tirer au premier juillet. M. Moreau, dessinateur du cabinet, me grave un frontispice et trois planches d'histoire naturelle pour la somme de vingt à vingt-deux louis, dont je lui paierai dix louis comptant et le reste à loisir. Ces gravures seront nécessaires, et le sujet du frontispice a paru si intéressant à M. Moreau par la nouveauté des effets naturels dont je lui ai donné un prospectus, qu'il m'a assuré qu'il voulait me traiter, à cette occasion, bien plus favorablement que toute autre personne, et je ne doute pas qu'il ne rende mon idée avec tout le talent qu'inspire à un artiste un sujet qui lui fait plaisir. Ainsi ce n'est pas une dépense superflue, encore que cette planche in-douze revienne à elle seule à quatorze ou quinze louis, puisqu'il est possible que bien des gens achètent mon ouvrage pour l'estampe seulement, ainsi qu'il est arrivé à d'autres. D'ailleurs j'en augmenterai le prix de mon édition, de manière à recueillir plus que je n'ai semé. Ainsi avec l'aide de Dieu je ferai face à tout avec mes cent louis, car je ne compte plus sur les secours de M. le maréchal de Castries.

J'ai un tiroir dans mon petit secrétaire, où je mets tous les papiers qui ont rapport à l'édition de mon ouvrage, le privilége, les notes de l'argent emprunté et de l'argent déboursé, l'écrit signé de l'imprimeur et de moi, avec les conditions du paiement et de la livraison de mon édition. Je me mets en règle comme un négociant. Je dispose de vos fonds et de ceux de M. Mesnard avec toute la prudence et l'économie dont je suis capable. Je n'en tirerai pas la moindre somme pour mes propres besoins, et quoique je sois couvert de laine au milieu de l'été, comme un mouton l'est dans l'hiver, je n'ai pas voulu me faire faire un habit léger, pas même sur l'espérance du profit à venir, quoique mon tailleur m'ait offert le crédit que j'aurais voulu.

Comment va votre santé maintenant? Faites-vous usage du régime végétal? Je suis persuadé que ce régime suffit pour guérir toutes les maladies, non pas en usant indifféremment de toutes les plantes qui croissent dans nos potagers, mais je pense que chaque plante potagère a une vertu qui lui est propre et qu'elle peut détruire avec le temps une certaine espèce de maladie. Le chou fortifie, au dire de Caton-l'Ancien qui avait fait un livre exprès à la louange du chou. Les graines farineuses donnent de la chair. La laitue produit du sang, calme ses ébullitions et fait dormir : les plantes alkalines bulbeuses, comme l'oignon et l'ail, sont très-favorables aux nerfs comme je l'ai éprouvé moi-même. Les plantes acides comme l'oseille rafraîchissent, le cresson est très-bon contre les affections scorbutiques. Si nous étions sages, nous trouverions toute notre pharmacie dans nos jardins. Quand pourrais-je me livrer entièrement à ces douces études. C'est à la jouissance d'un jardin qui soit à moi, que je borne tous mes vœux. La Providence ne m'a accordé jusqu'ici que la vue des jardins d'autrui ; mais je vous réponds que je ne la changerais pas pour celle d'un palais.

J'ai dîné hier chez M. Mesnard auquel j'ai parlé de la démarche que vous aviez faite de vous-même auprès de M. le maréchal de Castries, ce qui lui a fait plaisir. Nous sommes montés après dîner à son donjon pour voir le globe aérostatique que nous avons aperçu au-delà de Montmartre, et faisant route vers Saint-Denis. Madame était allée le voir partir à Versailles ; c'est un spectacle sans doute digne d'un roi, ainsi que les autres fêtes que Louis XVI a données au roi de Suède. Je n'aurais rien su de tout cela, si je n'allais pas de temps en temps chez M. Mesnard, car j'habite une rue où je suis persuadé que bon nombre d'habitans ne sauront l'arrivée du roi de Suède à Paris, que dans six mois d'ici, en lisant l'almanach de Liége. J'y ai connu de bonnes dévotes qui n'ont appris que nous étions en guerre avec les Anglais, que lorsqu'elles ont vu renchérir le sucre. Heureuse ignorance qui nous voile souvent les forfaits et les malheurs des hommes dans ce siècle d'Atrée ! Je dis ceci à l'occasion du crime atroce de ce président qui vient d'égorger sa femme, avec des circonstances et une complication de crimes réfléchis qui font horreur.

Portons ailleurs nos regards ; quoique je sois au moment d'être embarqué dans une foule d'embarras, à l'occasion de l'impression de mon ouvrage, j'aurai mes dimanches libres. Ne négligez donc pas de me procurer les occasions de vous aller voir et de saluer madame Hennin que j'ai bien envie d'engager à venir me voir à son tour.

Je suis avec un sincère attachement et une parfaite considération,

Monsieur et cher ami,

Votre, etc.

De Saint-Pierre.

A Paris, ce 29 juin 1784.

N° 119.

✻

A MONSIEUR HENNIN.

Monsieur et ancien ami,

J'ai appris hier à M. Sage que M. le maréchal de Castries souscrivait pour cent exemplaires de mon ouvrage. Il m'a dit qu'il avait compté sur toute autre chose, et que M. le maréchal aurait fait mieux. Je lui ai répondu que c'était beaucoup faire, et comme vous le marquez, donner de l'argent, c'était faire un pont pour d'autres.

Pour moi, je trouve que cette affaire a pris le tour qui pouvait m'être le plus agréable, moins pour mon intérêt que pour celui que semble y prendre M. le maréchal. D'ailleurs si le ministre m'eût prêté de l'argent, il aurait fallu le rendre ; s'il me l'eût donné, il eût fallu en parler au Roi comme d'une grâce extraordinaire, accordée pour un objet dont le succès est douteux, et faire beaucoup d'échafaudages pour une grâce après tout passagère pour moi et qui aurait été de mauvais exemple pour d'autres.

Au contraire, par la souscription M. le maréchal me fournit une partie de mes moyens. Il semble s'intéresser à mon succès, et si je viens en effet à réussir, c'est une espèce d'engagement pour lui à m'obtenir quelque faveur solide et permanente.

Je vous le répète bien sincèrement, j'aime mieux la souscription de M. le maréchal, qu'un emprunt que je ne suis pas sûr d'acquitter, ou qu'un don qui eût contribué de peu de chose au succès de mon édition dont les arrangemens sont pris, et qui m'eût été accordé, peut-être, comme le *nec plus ultrà* de la faveur.

Je vois que l'intention du ministre a été de m'avancer cent pistoles; cependant je ne toucherai que neuf cents livres pour cent exemplaires de trois volumes chaque, avec des gravures, à neuf francs l'exemplaire. On m'a demandé chez mon imprimeur si je ferais une remise ; mais je ne crois pas la chose seulement probable. Il est certain que je n'en ferai qu'une de quinze sols par volume, aux libraires chargés de la vente, et que ces mêmes libraires ne pourront faire de remises à personne. Cependant tout souscripteur est fondé à réclamer ce bénéfice qui épargne les frais de vente, et je le défalquerais bien de cette somme de neuf cents livres, si je ne craignais que M. le maréchal ne le prît en mauvaise part. Donnez-moi là-dessus votre conseil. Je regarde au fond cette souscription comme un service rendu par le ministre, car je ne saurais me figurer ce qu'il fera de cent exemplaires dont il ne lira peut-être pas un seul.

Au reste, Monsieur et ami, je suis très-sensible aux mouvemens que vous vous donnez dans tout ceci. Remerciez aussi M. Blouin pour moi et dites-lui que je ne manquerai pas de lui envoyer du fruit de mon jardin quand il sera mûr. Si vous réussissez dans toutes vos vues à mon égard, vous êtes homme à faire vendre mon édition avant qu'il y en ait une feuille d'imprimée. Vous me rendez sans doute un grand service en me donnant lieu de penser que je m'acquitterai envers ceux qui ont fait les frais de mon ouvrage, du nombre desquels vous êtes, car c'est vous qui en avez posé la première pierre ; mais je me suis proposé encore d'autres fruits de dix années de méditation et de retraite.

Madame Hennin a raison de ne pas venir dans mon donjon pour une simple collation. Un dîner vous laisse à peine le temps de revenir à Versailles. Je me propose de l'engager cet automne, quand je serai débarrassé de l'impression de mon livre, à accepter chez moi un dîner d'ermite comme vous en avez fait un ce printemps. Je n'y oublierai pas le punch, mais vous me donnerez le temps de lui en faire boire.

Je suis à présent dans les douleurs de l'enfantement, car il n'y a point de mère qui souffre autant en mettant un enfant au monde, et qui craigne plus qu'on ne l'écorche ou qu'on ne lui crève un œil, qu'un auteur qui revoit les épreuves de son ouvrage. J'ai de plus ce surcroît d'embarras, que je suis absolument seul, la femme qui faisait mon petit ménage étant malade à la mort.

Toutes réflexions faites, je défalque quinze sols par exemplaire dans la soumission que je vous envoie pour M. le maréchal, suivant l'usage des souscriptions. Il me semble qu'on ne doit pas balancer entre l'honnêteté et la justice. A Dieu ne plaise que je veuille affaiblir en quelque sorte le service que me rend M. le maréchal! j'aurais eu l'honneur de le remercier dès à présent, si par votre lettre vous ne m'indiquiez une autre marche à suivre; quoi qu'il en soit, si je me trompe, mandez-le moi, et je me réformerai.

J'ai l'honneur d'être, Monsieur et ancien ami, avec bien de la reconnaissance et un sincère attachement,

Votre, etc.

De Saint-Pierre.

A Paris, le 1er juillet 1784.

N° 120.

*

A MONSIEUR HENNIN.

Monsieur et ancien ami,

Vous m'avez porté bonheur, M. Mesnard vient d'engager M. le contrôleur-général à souscrire à mon édition pour cent exemplaires. Je voudrais bien que ces exemples influassent sur votre ministre.

J'ai reçu les 820 livres de la souscription de M. le maréchal de Castries. Ce devrait être 825 livres, mais m'étant trompé de cent sols, la chose ne valait pas la peine de la répéter. Le paiement de cet argent a été différé jusqu'au 23; il m'a fallu écrire à M. Motel et à M. Blouin, qui m'ont répondu sur-le-champ et entre autres le dernier une lettre pleine du désir de m'obliger : c'est vous qui avez bien préparé toute chose.

Il s'agit maintenant de répondre à l'attente de mes souscripteurs. Je me donne bien de la peine pour y réussir, je refais des pages entières de mon manuscrit, j'épluche mes épreuves du matin au soir. Cette manière typographique de les lire en détruit tellement le sens, que je ne sais plus quelquefois ce que je lis, je suis dans le cas d'un homme qui voyant une tapisserie, au lieu d'en considérer le sujet, s'occuperait à en compter tous les fils. C'est pourtant ce qu'il faut faire, gens du monde, pour vous faire parvenir quelques vérités.

J'écris à M. le maréchal pour le remercier; car sa lettre est pleine de bienveillance. Il me marque que quoiqu'il ne soit pas d'usage que le Roi avance de l'argent pour l'impression d'aucun ouvrage, lui ministre s'est cependant déterminé à accepter ma souscription au nom de Sa Majesté, sur les choses intéressantes et utiles que mon ouvrage annonce. Je viens de lui répondre que quoique l'argent qu'il m'avance me soit très-utile dans l'édition d'un ouvrage dont je fais tous les frais par le crédit de mes amis, je suis moins sensible à l'intérêt qu'il me produit, qu'à celui que mon ouvrage lui a inspiré. Avec cela il n'avance guère; je n'ai encore que sept feuilles de faites, mais comme on me donnera la semaine prochaine un compositeur de plus, on m'assure que j'aurai au moins quatre feuilles par semaine. Dites-moi donc ce que M. le comte de Vergennes a contre moi, il y a bien de la fatalité dans les choses de ce monde; je puis vous assurer que de tous les ministres c'était celui dont j'avais le plus ambitionné l'estime et dont j'aurais le plus espéré de services. A la volonté de Dieu, laissons courir ma destinée; bonnes ou mauvaises, celles des choses d'ici-bas sont courtes.

M. et madame Mesnard doivent venir dans une quinzaine faire une collation dans mon ermitage; si vous vous trouviez alors à Paris et que vous vinssiez dans mon quartier, je vous manderais le jour. Continuez de prendre intérêt à mes affaires, car vous y portez bonheur.

Assurez bien madame Hennin que je compte

que cet automne elle me fera l'honneur de manger un plat et de boire du punch de ma façon. Je suis avec une vraie reconnaissance et une respectueuse considération,

Monsieur et ancien ami,

Votre, etc.

De Saint-Pierre.

A Paris, ce 22 juillet 1784.

N° 121.

✽

A MONSIEUR HENNIN.

Monsieur et ancien ami,

Je vous envoie la quittance que vous me demandez pour la souscription de M. le comte de Vergennes que je regarde comme une faveur marquée, ainsi que vous me le dites.

Je suis surpris des démarches que vous voulez faire auprès d'une autre personne dont vous connaissez depuis long-temps la conduite à mon égard. En ceci, je vous l'avoue, je ne suis sensible qu'aux inquiétudes de votre amitié, mais si j'étais le maître d'en diriger les démarches, j'aimerais mieux que ce fût auprès de quelque grand ou ministre auquel je n'eusse jamais témoigné d'attachement, persuadé que ce serait celui dont je tirerais le plus de service. Tel serait, par exemple, M. le marquis de Ségur, ministre de la guerre. A la vérité j'ai servi autrefois son département, infructueusement comme à mon ordinaire, mais je n'ai jamais eu auprès de lui aucune relation directe ou indirecte. Au reste, je m'en rapporte à tout ce que vous ferez à ce sujet, car vous connaissez mieux les affaires et le monde que moi; vous me mandez qu'au moyen de ces avances, vous espérez que je trouverai tout crédit auprès de mon imprimeur. Je l'avais déjà trouvé par celles que vous et M. Mesnard m'aviez faites et devez encore me faire. Si cependant vous étiez dans l'embarras à cet égard, je tâcherais de pourvoir à tout avec les avances ministérielles pourvu toutefois que M. le contrôleur-général remplisse sa parole. Je perdrais à la vérité, dans ce cas, les remises que mon imprimeur me fait pour l'argent comptant que je lui donne au-dessus de nos premières conventions. Ne me laissez pas dans le doute. Je suis au moment de lui faire un paiement de 600 livres que je réserverais pour remplir mes obligations. J'ai à peu près la moitié de mon premier volume d'imprimé. Cela va aller grand train, et les fonds ne chômeront pas dans mon secrétaire.

Je suis très-sensible et plus que je ne peux vous le dire aux préjugés favorables que vous donnez aux journalistes, de mon ouvrage; je n'épargne rien pour qu'il mérite l'intérêt du public. Je le corrige du matin au soir, je fais quelquefois des additions, mais c'est sur les objets physiques. D'ailleurs j'en envoie les feuilles, à mesure qu'on les tire, à M. Sage, mon censeur. Je suis fort pressé dans ce moment-ci, car les épreuves abondent, et je trouve souvent à réformer ou à ajouter à un ouvrage auquel j'aurais dû employer deux ou trois années de plus pour lui donner l'ensemble et la perfection dont il est susceptible.

Je suis avec un véritable attachement,

Monsieur et ancien ami,

Votre, etc.

De Saint-Pierre.

A Paris, ce 31 juillet 1784.

N° 122.

A MONSIEUR HENNIN.

Monsieur et ancien ami,

J'ai reçu de monsieur votre beau-frère 165 livres et le lendemain 825 livres au Trésor royal. J'ai sans doute de quoi faire face à mes engagemens en me réservant même une centaine de pistoles pour les frais de brochure, de reliure, d'impression de gravures, etc., qu'il me faudra faire argent comptant.

J'ai déjà déboursé environ 1500 livres; si vous êtes gêné pour les 25 louis que vous m'avez promis, je peux m'en passer; je perdrai une remise et peut-être un peu de crédit, mais mon affaire ira son train.

Il s'en faut bien que j'aie de quoi avoir, de sitôt, un autre jardin que celui qui est sous mes fenêtres. Mon édition me coûtera 800 livres de plus que je ne comptais; je l'ai augmentée de près d'une douzaine de feuilles, de sorte que mon premier volume a six cent vingt-quatre pages. Je n'ai pu faire autrement.

Je puis vous assurer qu'il faudra que j'aie vendu mille exemplaires de mon ouvrage avant que je mette dans ma bourse un écu qui m'appartienne. L'article seul des présens sera de près de 1500 livres, auquel il faut joindre les frais de brochure, de 500 livres.

Il me reste à vous réitérer mes remerciemens pour vos bons offices; je désirerais que vous m'en rendissiez encore un, ce serait de vous faire informer par M. Blouin de l'état de la tête de mon malheureux frère, parce que si mon ouvrage venait à avoir quelques succès, j'aurais peut-être le crédit et les moyens de procurer à mon frère une retraite plus agréable si sa tête en était susceptible.

Je n'ai pas le temps de vous écrire fort au long

aujourd'hui; imaginez-vous un solitaire obligé de courir de tous côtés, tantôt aux caisses et tantôt à l'imprimerie. On me fournit actuellement une feuille nouvelle chaque jour; il faut la corriger, préparer le manuscrit, y faire des réformes et des additions, aller chez le graveur, etc. J'espère bien quand je serai tiré de cet embarras, ce qui arrivera s'il plaît à Dieu vers la fin d'octobre, que j'aurai le plaisir de vous voir ou chez vous ou chez moi, avec madame votre épouse.

Je vous réitère mes remerciemens pour vos bons offices et suis avec une sincère amitié et une considération respectueuse,

Monsieur et ancien ami,

Votre, etc.

DE SAINT-PIERRE.

A Paris, le 30 août 1784.

N° 123.

✻

RÉPONSE DE MONSIEUR HENNIN.

Ne vous inquiétez pas, Monsieur et ancien ami, de mes 600 livres. Vous me donnerez des exemplaires pour cette somme, et j'espère pouvoir m'en défaire. M. ...., secrétaire de M. le baron de Breteuil, m'a remis 50 livres pour six exemplaires.

Vous m'étonnez fort en me disant que l'article des présens va à près de 1500 livres hors ce qui est dû pour le privilége. Je ne sais pas à qui vous avez à en donner. Prenez garde de faire le magnifique. Un exemplaire relié pour M. le comte de Vergennes et un pour M. le maréchal de Castries, voilà tout ce que vous devez. La brochure ne peut pas coûter 500 livres; refaites vos calculs, car ils me paraissent exagérés.

Je n'ai pas pu joindre M. Blouin pour lui parler de monsieur votre frère; je le chercherai au premier jour, et vous dirai ce que j'apprendrai de lui.

Courage, mais ne vous excédez pas. J'ai autant et plus d'impatience que vous, de vous voir hors de peine et occupé à recueillir le fruit de vos travaux.

J'ai l'honneur, etc.

Hennin.

N° 124.

✳

A MONSIEUR HENNIN.

Monsieur et ancien ami,

Vendredi prochain, s'il plaît à Dieu, je ferai mettre à votre adresse à la messagerie de Versailles un ou deux paquets de librairie, contenant mes présens d'une part et de l'autre les vingt-cinq exemplaires pour lesquels ont souscrit M. le comte de Vergennes et M. le baron de Breteuil.

Samedi donc au soir, j'espère être chez vous, et présenter le lendemain mes exemplaires bien reliés aux trois ministres qui m'ont honoré d'une souscription forte et aux personnes qui les y ont engagés. Ensuite je partirai de Versailles le dimanche après-midi, et je ferai mes présens dans Paris, à mes amis, aux journaux, etc. Croyez que cet article me coûtera plus de 50 louis. C'est de quoi je vous convaincrai à notre première entrevue. Je logerai à mon ordinaire à la Croix de Lorraine. S'il y avait dans toutes ces dispositions quelque chose qui ne vous agréât pas, mandez-le moi, autrement je prendrai votre silence pour un consentement. Je fais adresser mes livres chez vous, afin que vous ayez la complaisance, le dimanche matin, de les faire mettre dans votre voiture, et porter au bureau des affaires étrangères où je les irai prendre pour les distribuer en commençant par celui des ministres qui le premier m'ouvrira sa porte. De retour à Paris, j'en enverrai à M. Lenoir et à son secrétaire pour les peines qu'ils ont prises à l'égard de mon malheureux frère. Ces jours passés il était à la veille de sortir, M. Emangard ayant envoyé à M. le maréchal de Castries un rapport où il lui mandait qu'il avait vu à ce prisonnier la tête légère à la vérité, mais tranquille; il concluait à ce qu'il fût renvoyé dans sa famille.

N. B. M. le maréchal de Castries a envoyé ce rapport à M. Lenoir, en le priant de ne rien faire à cet égard sans me le communiquer. J'ai donc ouvert un tempérament en proposant de donner à mon malheureux frère la liberté aux environs de sa prison, dans l'espérance qu'étant à l'abri de l'indigence et de la captivité, ces deux grands mobiles d'inquiétude, son ame se calmerait peu à peu. J'ai rendu compte par écrit à M. Lenoir de ma lettre et de mes vues, que je proposais moins pour être suivies que pour faire naître au ministre et à lui de meilleures idées. Les choses en sont là; que de sujets d'alarmes! Quand mes deux mille enfans vont courir le monde, ils m'en donneront peut-être d'autres. Ce n'est que dans la solitude que je respire. Je me console en pensant que j'ai fait tout ce qu'il était en moi pour être utile à ma patrie et à ma famille.

M. Mesnard n'est point encore ici. Il reviendra avec des atteintes de goutte. Il trouvera mon livre chez lui à son arrivée.

Excusez mon griffonnage. J'ai des affaires par-dessus la tête, une mère qui met au monde son enfant n'est pas plus embarrassée. Ce qui me console et me fait croire que les personnes qui m'ont prêté des fonds ne tarderont pas à être remboursées, c'est que tous ceux qui jettent les yeux sur mes exemplaires, dont on assemble les feuilles chez mon libraire, après en avoir lu quelques pages, disent à madame Didot : *Dès qu'ils paraîtront, donnez-m'en un.*

Je suis avec une sincère amitié,

Votre, etc.

De Saint-Pierre.

A Paris, ce 29 novembre 1784.

N° 125.

✻

A MONSIEUR HENNIN.

Monsieur et ancien ami,

Vous avez certainement oublié de me faire annoncer dans la gazette de France vendredi dernier, car elle n'a point parlé de mon ouvrage. Je vous donne à moi seul autant d'embarras qu'un département du royaume étranger; n'est-il pas vrai? La confiance que j'ai en votre amitié dont vous m'avez donné en dernier lieu de si fortes preuves me rend peut-être indiscret, mais j'espère que vous ne trouvez pas mauvais si je vous rappelle votre parole. Je ne veux pas perdre non plus l'occasion de vous mander deux nouvelles qui me sont fort agréables.

L'une est que M. Mesnard est hors de danger après avoir été dangereusement malade, c'est ce que me mande de sa part et de celle de madame un de ses cousins, M. de Martigny; ils comptent être de retour à Paris dans une huitaine.

L'autre nouvelle est que madame Didot me proposa hier de la part d'un libraire de céder deux cents exemplaires de mon ouvrage en faisant une remise de dix sous par volume et en recevant en paiement de bons billets, que M. Didot s'offre de recevoir pour argent comptant en défalcation des avances qu'il a faites pour mon édition. Elle m'a dit que M. Panckoucke en voulait avoir autant. J'ai pensé que ce serait une bonne avance pour la vente, et que mon livre se répandrait dans les provinces sans que je courusse aucun risque; j'ai donc accepté. Ainsi voilà à peu près six cents exemplaires de mon édition dont je suis débarrassé avant qu'elle ait été annoncée. Je ne conçois pas d'où vient aux gens l'envie d'avoir un livre qu'ils ne connaissent pas encore. Quelque bon vent me pousse. C'est vous qui avez détourné sur moi, un petit rayon du bonheur de M. le comte de Vergennes, car je n'attribue, après Dieu, qu'à la grâce que ce ministre m'a faite, la bonne opinion que le public prend d'avance de mes faibles productions.

Je crains de manquer l'heure de la poste. Je n'ai que le moment de vous assurer, ainsi que madame Hennin, du sincère attachement et de la respectueuse considération avec laquelle j'ai l'honneur d'être,

Monsieur et ancien ami,

Votre, etc.

De Saint-Pierre.

A Paris, ce 12 décembre 1784.

J'ai été voir ce monsieur et cette dame qui m'ont ramené de Versailles, je n'ai trouvé personne; le mari était absent et la dame malade : me voilà quitte de cette visite.

Comme madame de Céfonds n'était point à Versailles lorsque j'ai distribué mes exemplaires, je vous prie de lui en envoyer de ma part un des deux qui se sont trouvés rappareillés. Vous renverrez l'autre à la prochaine occasion. J'y joins le billet d'envoi.

N° 126.

※

A MONSIEUR HENNIN.

Monsieur et ancien ami,

Quoique mon libraire dise que la vente de mon livre va bien, je trouve qu'elle va lentement. Tant que les journaux ne parleront pas, il est difficile que le public soit instruit de l'existence de l'ouvrage d'un solitaire. Un libraire m'avait fait offrir, comme je vous l'ai mandé, d'en prendre deux cents exemplaires à crédit moyennant une remise de dix sous par volume broché; j'y avais consenti pourvu que ce fût comptant. Il s'est dédit, en disant que cette offre venait de sa femme, et s'est offert d'en prendre cent exemplaires à 7 livres 10 sous pièce; j'ai refusé à mon tour. Employez, je vous prie, l'influence que vous pouvez avoir sur quelques journalistes tels que celui de Paris, du Mercure, du Courrier de l'Europe, de Fréron, des Savans, des Petites Affiches; ce dernier en a dit un seul mot, il le qualifie d'intéressant; à la vérité il promet d'y revenir.

M. Mesnard ne partira de Touraine que vers la fin de cette année. Il m'a prié de lui envoyer un de mes exemplaires en brochure. Il est ainsi que madame très-content de la pension de 500 livres que M. de Vergennes m'a accordée.

Je suis sensible au souvenir de M. de Rulhière; il se plaint que j'ai suspecté les sentimens de son amitié, voyez si j'ai eu tort : dans le temps que tout me devenait contraire, il s'amusait à faire sur moi et sur Jean-Jacques une comédie intitulée le Méfiant. Je conviens qu'il m'a autrefois donné des marques d'amitié, mais c'était lorsque j'étais heureux; je ne doute pas qu'il ne revienne à moi si je le deviens. Quoi qu'il en soit, je ne lui veux point de mal, et je lui ai obligation en partie de la portion de bonheur que j'ai trouvée dans la solitude.

Au reste, recevez mes remerciemens pour votre amitié constante et déjà ancienne de plus de vingt années. Puisse cette année vous être aussi agréable que vous m'avez rendu heureuse celle d'où nous sortons. Mes respects, je vous prie, à madame Hennin et toutes sortes de prospérités à votre chère famille.

Je suis avec un véritable attachement et une respectueuse considération,

Monsieur et ancien ami,

Votre, etc.

De Saint-Pierre.

A Paris, ce 27 décembre 1784.

Comme vous aimez beaucoup les arts, j'ai grande envie de savoir comment vous trouverez ce que j'en ai dit dans mon livre.

Je vous fais mes complimens de bonne année un peu de bonne heure parce que nous sommes véritablement entrés dans le commencement de l'année naturelle, le soleil commençant à revenir vers nous du solstice, dès le lendemain de la Saint-Thomas.

Je viens de recevoir ma soumission que vous me renvoyez. Votre lettre est datée du 24, et elle m'est parvenue avant-hier au soir 25. Je suis bien sensible à toutes les sollicitudes de votre amitié. Mon libraire vous fera incessamment l'envoi de douze exemplaires; vous en avez donc vendu dix, et trente-six qui l'ont été dans le magasin de M. Didot, voilà déjà plus de 400 livres de rentrées en quinze jours. Je date de la veille de Noël, je ne sais s'ils en ont vendu ces fêtes. Vous débitez presqu'autant qu'un libraire; mais ne prenez point à cet égard de soins embarrassans, j'espère que la vente va s'animer un peu, surtout si quelque journaliste en parle.

Ne manquez pas, je vous prie, de me faire savoir avec votre jugement celui de M. le comte de Vergennes.

N° 127.

✻

A MONSIEUR HENNIN.

Monsieur et ancien ami,

La vente de mon livre va doucement. Il y en a tout au plus une centaine d'exemplaires de vendus. Je ne serai tranquille que quand j'aurai payé les frais de mon édition, et il faut pour cela en débiter encore au moins quatre cents.

Vous aurez peut-être vu le compte que vient d'en rendre l'Année littéraire. Il me semble que ce journal ne me rend pas justice sur la partie physique de mon ouvrage, mais d'un autre côté il me loue si avantageusement que j'ai lieu d'en être très-satisfait. Cependant son annonce ne sera pas, selon moi, celle qui me sera le plus favorable par rapport aux gens du monde, car le vanter du côté de la philosophie religieuse, c'est le leur rendre très-suspect d'ennui et leur ôter la curiosité de le lire.

Si vous pouviez déterminer les rédacteurs du Mercure et du Journal de Paris à parler de la partie physique, ce serait le moyen, ce me semble, de produire un effet général, car j'ose croire que j'ai appuyé mon opinion sur la cause des marées, de faits authentiques; d'ailleurs j'en ai par-devers moi beaucoup d'autres qui démontrent la chose évidemment. Mais il est difficile à un solitaire de renverser une opinion fondamentale soutenue par toutes les académies de l'Europe; j'ose croire que j'en viendrai à bout, en attendant j'ai chargé mes canons jusqu'à la gueule.

J'ai envoyé ce matin douze exemplaires à madame Mesnard qui veut à votre exemple les débiter parmi ses amis. J'ai dîné avant-hier chez elle avec notre confrère M. Simonin. Il m'a parlé de mon jardin à venir, mais il s'en faut bien que j'aie seulement un chou pour y planter, jamais je n'ai été si chargé de dettes.

J'ai à la vérité des espérances agréables. On m'a écrit des lettres où on élève mon ouvrage aux nues. M. le cardinal de Bernis, qui a reçu un des premiers exemplaires, a mandé qu'on lui en renvoyât un second. Tout cela ne m'éblouit pas, mais je serai récompensé si je remplis le sens de l'épigraphe de mon ouvrage.

Je suis avec un parfait attachement et une respectueuse considération,

Monsieur et ancien ami,

Votre, etc.

De Saint-Pierre.

A Paris, ce 19 janvier 1785.

N° 128.

✳

A MONSIEUR HENNIN.

Monsieur et ancien ami,

Je ressens déjà l'effet de vos sollicitations dans la marine. M. le maréchal de Castries me demande un Mémoire de mes services à l'Ile-de-France pour m'accorder une pension de capitaine-ingénieur, et M. Blouin m'indique les endroits sur lesquels je dois appuyer. Par bonheur j'ai recouvré deux exemplaires de mon voyage à l'Ile-de-France. Je les fais relier l'un et l'autre, et je vais les envoyer tous deux à M. Blouin, afin qu'il en présente un à M. le maréchal, comme des Mémoires authentiques de mes services dans cette île, l'autre sera pour lui. Je joindrai de plus à cet envoi un exemplaire de mes Études pour mademoiselle de Crémont dont le frère, ancien commissaire-ordonnateur à Bourbon, doit, suivant le conseil de M. Blouin, son ami, certifier l'espèce de naufrage que j'éprouvai à la rade de cette île.

J'ai appris par la voix publique que vous veniez d'être reçu honoraire de l'Académie des Inscriptions; je m'en réjouis puisque cela vous a fait plaisir, mais j'ai dit publiquement que vous méritiez mieux que cela par vos connaissances en tout genre, et parce que vous étiez sans prétention.

Je vais aujourd'hui chez M. de Villedeuil qui m'a écrit, il y a huit jours, pour me remercier de l'exemplaire que je lui ai envoyé, et pour demander que je remette dans ses bureaux, suivant la loi portée dans mon privilége, le manuscrit de mon ouvrage que j'ai laissé, suivant l'usage général, chez mon imprimeur. Dieu veuille que cette demande ne fournisse pas l'occasion de me tracasser sur les sujets que j'ai traités, quoique j'aie été très-exact à ne rien rétablir de ce que mon théologien avait retranché ; peut-être aussi veut-on connaître quels sont les retranchemens qu'il a faits ; de combien d'épines la carrière des lettres est traversée ! La vente se soutient tout doucement, il y en a maintenant cent six de vendus chez mon libraire. Il faudrait qu'il fût annoncé aux gens du monde par le Mercure et le Journal de Paris ; vous n'y pouvez donc rien.

Souvenez-vous que ni M. le comte de Vergennes ni vous, ne m'avez point encore écrit pour la bonne année en réponse à mes lettres. A la vérité, vos services valent mieux que des complimens, mais vos lettres cependant me dissipent dans ma solitude.

Agréez les assurances de mon sincère attachement, et de la considération respectueuse avec laquelle je suis,

Monsieur et ancien ami,

Votre, etc.

De Saint-Pierre.

A Paris, ce 26 janvier 1785.

N° 129.

✻

A MONSIEUR HENNIN.

Monsieur et ancien ami,

Point de nouvelles de M. Blouin à qui j'ai écrit il y a trois jours. Je commence à ne plus rien attendre de la marine. J'ai d'ailleurs bien lieu d'être satisfait de la manière dont le public reçoit mon ouvrage. Je reçois des lettres où on m'élève infiniment au-dessus de mon mérite. Il faut que j'aie fait quelque chose de rare. Je n'ai cependant embrassé que les ombres de la réalité. C'est peu de chose ; c'est l'ouvrage d'un homme. Le plus doux fruit que j'en attends, c'est l'amitié de mes amis et des gens de bien.

J'ai grande envie de loger à terre dans un petit jardin. Je trouve en tout genre la dernière place préférable à la première. Je dis ceci à cause du froid excessif que je souffre dans mon donjon. Hier au soir j'eus un frisson très-vif en me mettant au lit. Ce matin les augets de mes oiseaux étaient gelés quoique j'eusse fait du feu toute la journée au point qu'il a pris dans le tuyau de mon poêle; ce qui m'a inquiété quelques momens. Le froid à mon thermomètre était ce matin à huit degrés et demi. Je crois que vous devez le trouver encore plus considérable à Versailles.

Donnez, je vous prie, un petit coup d'épaule à M. Blouin, et mandez-moi pourquoi il ne me répond pas.

Je vous souhaite toutes sortes de prospérités à vous, à madame Hennin et à votre chère famille. Agréez les assurances de la sincère amitié et de la respectueuse considération avec laquelle je suis pour la vie,

Monsieur et ancien ami,

Votre, etc.

DE SAINT-PIERRE.

A Paris, ce 1er mars 1785.

N° 130.

A MONSIEUR HENNIN.

A Paris, ce 4 mars 1785.

Monsieur et ancien ami,

Vous jugerez, par la lettre ci-jointe, du service que j'attends de vous. J'envoie en même temps à M. Blouin les numéros un et cinq de l'Année littéraire, afin que M. le maréchal de Castries puisse avoir quelque témoignage de l'opinion publique en faveur de mon ouvrage. Je reçois aussi des lettres particulières de personnes avec lesquelles je n'ai pas de relation, mais qui m'exaltent trop pour pouvoir les communiquer; telle est entre autres celle que m'a écrite M. Dusaulx, votre confrère.

Je vous prie de ne pas différer de vous concerter avec M. Blouin dans une circonstance aussi critique que celle où je me trouve. Je suis dans le moment des éloges, celui des satires et des persécutions viendra, si j'ai dit la vérité. Il n'y a pas un moment à perdre si vous voulez que j'aie un jour un jardin où je puisse vous recevoir et sortir de mon donjon, où j'ai pensé être gelé plusieurs fois. Donnez-moi cette nouvelle preuve de votre ancienne amitié; vous avez la main heureuse pour moi cette année. La Providence qui vous avait placé ministre en Pologne lorsque je courais après la gloire, vous a mis en faveur à Versailles afin que vous me procuriez un peu de repos. Songez que j'ai d'anciennes dettes du service à acquitter, une famille misérable à aider, que la seule personne dont le crédit m'a soutenu depuis douze ans, s'est retirée des finances, et que je n'ai rien d'assuré que les cinq cents livres de pension que vous

m'avez fait obtenir de M. le comte de Vergennes.

Je suis avec une vraie reconnaissance et une respectueuse considération,

Monsieur et ancien ami,

Votre, etc.

De Saint-Pierre.

N° 131.

✻

LETTRE JOINTE A LA PRÉCÉDENTE.

J'ai bien fait usage, Monsieur, de tout ce que vous m'avez envoyé; mais jusqu'à présent je n'en ai pas recueilli le fruit que je désirais. M. le maréchal de Castries n'a point prononcé de refus; mais il hésite et recule pour accorder. Ce que je lui ai dit de votre ouvrage n'est point pour lui l'opinion publique; il faut que d'autres personnes lui confirment ce que j'en pense, et vos occupations relatives à la marine sont à ses yeux un objet qui aurait dû être soldé dans le temps, s'il était juste. Écrivez un mot à M. Hennin; s'il veut s'entendre avec moi, nous reviendrons à la charge. Rien ne me serait plus agréable que de vous voir obtenir un secours mérité par vos services précédens, et par les travaux utiles dont vous vous occupez.

J'ai l'honneur d'être avec un très-sincère attachement,

Monsieur,

Votre très-humble et très-obéissant serviteur,

Signé BLOUIN.

N° 132.

A MONSIEUR HENNIN.

Monsieur et ancien ami,

Je suis bien surpris de ne pas recevoir de nouvelles de M. Blouin. Je vois bien qu'il n'y a rien à espérer de la marine. Mon jardin n'est pas prêt d'être planté; on m'a assuré qu'un libraire de Paris faisait contrefaire mon ouvrage à Genève. Prenez là-dessus, je vous prie, quelques informations. Je viens d'en écrire à M. de Villedeuil, afin qu'il donne des ordres aux inspecteurs de la librairie sur la frontière, pour que cette contrefaçon y soit arrêtée. Au demeurant, la vente va rondement; trois cent cinquante samedi dernier. A la vérité, j'en ai vendu vingt-cinq à un libraire, à qui j'ai fait une remise double. Je ne m'y suis déterminé que pour accélérer la liquidation de mes engagemens. Je ne dois plus rien au graveur. Je me suis acquitté de quatre mille cinq cents livres avec mon imprimeur. J'espère même vous payer, ainsi que M. Mesnard, vers la fin d'avril, à la même époque où l'année précédente vous m'avez si obligeamment ouvert votre bourse, et s'il plaît à Dieu, dans les mêmes circonstances, à table dans mon ermitage. Madame Mesnard se propose d'y faire une omelette.

Si vous voulez que je vous reçoive un jour dans mon jardin, songez qu'il faut que je sois capitaliste et pensionné. Dans ce moment, je suis riche en espérances et très-pauvre en réalité. Donnez un coup d'épaule à M. le maréchal. Je n'ai encore rien reçu de M. le contrôleur-général. Je ne compte point du tout sur l'Académie. Je ne l'ai pas assez ménagée, ni dans ses beaux-esprits ni dans ses philosophes. Mon ouvrage m'attire des lettres et des visites sur lesquelles je ne comptais guère. Un ancien ami de Jean-Jacques et de d'Alembert est venu me témoigner toutes sortes d'attachement et d'intérêt, voulant absolument m'emmener à sa campagne. Il m'a paru particulièrement frappé de ce que j'ai dit sur les plantes. Des peintres sont enthousiasmés de ce que j'ai dit sur les arts; un autre sur l'éducation; un autre sur les causes des marées. Toutes mes idées ne sont que des ombres de la nature, recueillies par une autre ombre. Je suis déjà récompensé de mes travaux par les suffrages des gens de bien, du nombre desquels je regarde le vôtre comme un de ceux qui me flattent davantage.

Agréez mes vœux pour votre prospérité et les assurances de l'amitié et de la respectueuse considération avec lesquelles je suis,

Monsieur et ancien ami,

Votre, etc.

DE SAINT-PIERRE.

A Paris, ce 20 mars 1785.

N° 133.

✻

A MONSIEUR HENNIN.

Monsieur et ancien ami,

Je suis malade du mal qui court; c'est un mal de gorge qui va et vient, accompagné de maux de tête, de perte d'appétit et de faiblesse; mais avec des bouillons d'oseille et de cerfeuil et des tisanes de feuilles de buglose et de racines d'oseille, je me rétablis insensiblement.

Je viens de recevoir le bon de M. le contrôleur-général pour mes cent pistoles annuelles; mais il manque toujours à ce bienfait du Roi de la solidité pour l'avenir. D'un autre côté, M. Mesnard m'a très-agréablement dédommagé, en m'envoyant un autre bon de quatre cents livres, adressé par M. le contrôleur-général à ma sœur à Dieppe, ce qui me décharge d'abord des trois cents livres que je lui donnais chaque année, et ce qui me procure le rare bonheur de faire un peu de bien. Voilà ma sœur à son aise, et reposant, ainsi que moi, sa confiance et ses espérances dans les bienfaits du Roi et de la Providence.

Dieu a béni mon travail et les efforts de mes amis. Le croiriez-vous? M. Panckoucke m'est venu voir; il m'a fait de grands éloges de mon livre et beaucoup d'offres de service. Il m'a dit que M. Garat ne rendrait compte de mon ouvrage que dans quatre mois; que cependant, si je voulais qu'on en parlât avant, il en chargerait un autre rédacteur; mais M. Garat me paraît avoir bien du talent.

Il m'a dit que si je voulais en faire rendre compte par le journal de Genève, je lui en envoyasse un exemplaire; c'est ce que je ferai. La vente va pourtant bien; le dixième cent est en vente. J'ai déjà les fonds prêts pour vous rembourser, ainsi que M. Mesnard. N'oubliez donc pas, lorsque vous me ferez l'amitié de venir prendre chez moi avec lui un mauvais dîner, d'apporter le billet que je vous ai fait; j'espère avoir entièrement payé tous les frais de mon édition à la même époque où l'année passée vous m'avez offert de m'aider à en faire les premiers fonds.

Il paraît que mon livre fait une grande sensation dans le clergé ; un grand-vicaire de Soissons, appelé l'abbé de M. Montmignon, m'est venu voir quatre ou cinq fois, et me prie d'accepter un logement avec lui dans sa campagne, afin de satisfaire le goût que j'ai pour les champs. Je lui ai dit qu'à la vérité je désirais une campagne, mais que ce n'était pas celle d'autrui. C'est un homme d'esprit qui vient de mettre au jour un ouvrage estimable, intitulé : *Système de Prononciation figurée*.

Un autre grand-vicaire d'Agde, appelé M. l'abbé de Bysants, m'est venu voir de la part de M. Mesnard, et doit me mener mercredi prochain chez M. l'archevêque d'Aix, qui désire me connaître, pour parler de moi à l'assemblée du clergé. Mais voyez donc quel rapport un solitaire peut avoir avec cette assemblée. C'est un homme fort aimable que cet abbé de Bysants. Voilà cinq ou six grands dîners que je refuse depuis huit jours ; mais ils sont offerts à un homme qui a mal à la gorge, qui n'a point d'appétit et qui aime la retraite.

Que Dieu maintienne en santé et prospérité, vous, madame Hennin et vos chers enfans. J'ai bien envie de vous aller voir avant que vous veniez à Paris ; mais il faut que mes jambes soient revenues.

Je suis avec une sincère amitié et une respectueuse considération,

Monsieur et ancien ami,

Votre, etc.

De Saint-Pierre.

A Paris, ce 25 avril 1785.

N° 134.

✻

A MONSIEUR HENNIN.

A Paris, ce 3 juin 1785.

Monsieur et ancien ami,

Vous me donnez une marque d'estime à laquelle je suis sensible, en me donnant une recette pour le mal de gorge. J'en ai fait usage, quoiqu'il soit parti à présent; mais il va et vient. Ce qui m'affecte le plus est un mal de tête constant dont le siége est au front, et qui me paraît être une espèce de catarrhe qui a peine à prendre son cours. A cela se joignent des faiblesses et des mouvemens spasmodiques qui se combinent avec toutes nos maladies physiques et morales. Le siége de ceux-ci est dans les nerfs; c'est un mal incurable que j'espère cependant calmer, quand je pourrai faire usage des bains. J'ai reçu ces jours-ci une lettre de madame la comtesse Dubois de la Motte, en réponse à la mienne, où je m'excusais sur ma santé de ce que je n'avais pas l'honneur de l'aller voir, ainsi que M. l'archevêque d'Aix. Elle me répond fort obligeamment qu'elle est bien fâchée d'avoir mis bas son carrosse depuis deux mois, sans quoi elle me l'enverrait pour faire mes visites. Elle m'exhorte à aller à Contre-Séville, en Lorraine, prendre les eaux, et à faire solliciter par mes amis, les principaux chefs du clergé, afin de seconder la bonne volonté de son frère. Je lui avais mandé les offres de service que plusieurs personnes m'avaient faites, et les raisons qui m'avaient empêché de les accepter. Je ne changerai rien à cette résolution, pour les eaux de Contre-Séville, où madame la comtesse Dubois de la Motte compte trouver elle-même la guérison de ses maux de nerfs; le défaut d'argent et de confiance sont des motifs suffisans pour m'arrêter où je suis. J'ai d'ailleurs pour remède universel et unique, la patience, le régime, la solitude et le repos. Je dois mettre sans doute au premier rang la confiance en Dieu, qui m'a maintenu depuis tant d'années au milieu de tant d'orages. Il a béni mon travail, et je suis sensiblement touché du nombre considérable de personnes inconnues qui me font des offres de service dans ma solitude. Des ames sensibles m'adressent des lettres pleines d'enthousiasme; des femmes, des recettes pour mes maux; des gens riches m'offrent des dîners; des propriétaires, des maisons de campagne; des auteurs, leurs ouvrages; des gens du monde, leurs sollicitations, leurs protecteurs et même de l'argent. Je ne reçois de tout cela que le simple témoignage de leur bonne volonté; si le clergé m'offre une pension, je l'accepterai avec reconnaissance, moi qui n'ai vécu jusqu'ici que des bienfaits du Roi. Je l'emploierai à payer plus de mille écus de dettes contractées en différens temps au service. Mais s'il faut la solliciter, j'y renonce dès à présent. Si je faisais des démarches à cette occasion, je m'enlèverais à moi-même la récompense que je me suis proposée, d'avoir travaillé au bonheur des hommes, sans aucune considération personnelle.

J'ai l'honneur d'être avec une constante amitié et une respectueuse considération,

Monsieur et ancien ami,

Votre, etc.

De Saint-Pierre.

Mes respects, je vous prie, à madame Hennin, et donnez-moi des nouvelles du traitement de votre aimable enfant. Pourquoi ne me l'avez-vous pas fait voir la dernière fois?

N° 135.

A MONSIEUR HENNIN.

A Paris, ce 3 juillet 1785.

Monsieur et ancien ami,

Vous ne me donnez point de nouvelles de votre santé ; la mienne n'est pas bien rétablie ; j'ai toujours des maux de tête.

Il paraît qu'il n'y a rien à faire auprès de M. le maréchal de Castries, puisque vous ne m'en parlez pas. Ce ministre ne peut pas se plaindre que mon ouvrage ne fait pas de bruit. Avant-hier un ecclésiastique, appelé M. de Vigneras, m'apporta une thèse pour sa majeure en Sorbonne, où je fus fort surpris de voir mon nom en opposition à celui de M. de Buffon, et les Études de la Nature en contraste avec les Époques de la Nature. Cette thèse se soutiendra mercredi 6 juillet, et si vous me connaissez des antagonistes, vous pouvez les inviter à aller attaquer mon Système des Marées, qu'on a appliqué au déluge universel. Si M. le maréchal de Castries ne fait rien pour moi, ce n'est donc pas parce qu'on ne parle pas de mon ouvrage, mais par quelque calomnie secrète jetée sur moi par quelqu'un de mes anciens patrons, qui, en reconnaissance de l'amitié que je leur ai portée, ont trouvé plus commode de s'acquitter, en disant du mal de moi, qu'en me faisant du bien. En ce cas, c'est me rendre un service essentiel d'engager M. le maréchal à vous en instruire, afin que je puisse me justifier et obtenir enfin quelque récompense de mes travaux.

J'ai écrit il y a quatre ou cinq jours à M. l'archevêque d'Aix, pour m'excuser de ce que je ne lui faisais pas de visite; sur ma santé premièrement, puis sur ce qu'il ne convenait pas que je fisse aucune sollicitation auprès du clergé, lui mandant toutefois que s'il lui plaisait de m'indiquer les jours et les heures où il était visible, j'irais le voir à toutes sortes de titres, excepté à celui de solliciteur; il ne m'a pas répondu.

Je suis, comme vous voyez, bien loin d'avoir un jardin à moi. Beaucoup de chemins mènent à la fortune; mais il y en a bien peu d'honnêtes. J'attends ma récompense de Dieu et non des hommes; j'espère toucher ce mois-ci la demi-année du traitement annuel que m'a fait M. le comte de Vergennes; c'est la seule chose solide dont je jouisse. Heureusement la vente de mon ouvrage augmente; j'ai déjà cent louis de bénéfice; mais pour que je puisse compter sur un capital, il faut que j'aie fait les frais d'une seconde édition.

Donnez-moi donc de vos nouvelles. J'attends que les chaleurs de la saison se soient calmées pour me livrer à de nouveaux travaux.

Agréez les sentimens de reconnaissance et

de respectueuse considération avec lesquels je suis pour la vie,

Monsieur et ancien ami,

Votre, etc.

De Saint-Pierre.

N°. 136.

A MONSIEUR HENNIN.

Monsieur et ancien ami,

Je me hâte de vous donner avis que M. Durand, libraire, me mande que l'on fait à Genève *une superbe édition des Etudes de la Nature*; c'est une chose sûre. D'un côté je suis bien aise que mon livre fasse fortune hors du royaume; mais d'un autre côté si cette contrefaçon y entre, elle me fera un tort considérable. Je vous prie donc d'employer votre crédit auprès de M. le comte de Vergennes, de M. le lieutenant de police et de M. de Villedeuil à qui j'en vais écrire, pour empêcher que cette contrefaçon entre en France et surtout à Paris. Ecrivez aussi à Genève pour savoir si cette édition est bien avancée, car si elle ne paraissait que dans deux ou trois mois, j'en ferais annoncer moi-même alors une nouvelle, revue et corrigée, ce qui ferait tomber l'étrangère; ce serait un coup de partie.

A peine j'ai recueilli quelques gerbes, et les rats entrent dans ma grange; aidez-moi à mettre ma moisson en sûreté.

Je suis avec une respectueuse considération,

Monsieur et ancien ami,

Votre, etc.

DE SAINT-PIERRE.

A Paris, ce 6 juillet 1785.

Vous ne m'avez point répondu sur différens objets.

Si je savais les jours où vous venez à Paris, je tâcherais de vous joindre. On lit dans le dernier volume des Transactions philosophiques, que Herschel a découvert des taches de neige sur les pôles de Mars, qui fondent alternativement à mesure qu'elles se présentent au soleil. Voilà une grande autorité pour mon système des marées de la terre. Joignez-y la thèse de Sorbonne qu'on soutient aujourd'hui. Dieu bénit mon ouvrage.

N° 137.

A MONSIEUR HENNIN.

A Paris, le 2 août 1785.

Monsieur et ami,

J'ai écrit à M. de Crosne, lieutenant-général de police, pour lui demander une audience particulière, dans laquelle, suivant l'intention de M. le maréchal de Castries, je puisse conférer avec lui sur le parti le plus avantageux à prendre au sujet de mon frère. M. de Crosne ne m'a point répondu. Je n'irai cependant pas conférer avec ce magistrat, sur un pareil sujet dans une audience publique. Il m'est trop dur d'entendre un homme, à l'oreille duquel je confie les peines de mon ame et les secrets de ma famille, me répondre tout haut, devant deux cents personnes : *Votre frère est timbré;* ou bien : *Est-ce que cette affaire me regarde moi? C'est à vous à vous en charger*[1], ou tel autre propos encore plus dur; après quoi il me tourne le dos, en me laissant couvert de confusion devant toute l'assemblée qui jette les yeux sur moi. C'est ce qui m'est arrivé plusieurs fois sous M. de Sartine et M. Lenoir.

---

[1] On peut voir dans l'*Essai sur la Vie de Bernardin de Saint-Pierre*, l'histoire déplorable de Dutailly. Les sollicitations de son frère le tirèrent de la Bastille après dix-huit mois de prison; mais on ne put lui rendre que la liberté, sa raison s'était altérée, et il était sans ressources et sans état. Pour comble de malheur, sa folie se tourna contre son propre frère. Il voyait en lui un ennemi qui s'entendait avec les ministres pour lui faire manquer les plus riches mariages; il le persécutait, il le menaçait, et se moquait de sa misère et de ses travaux. C'est au milieu de ces sollicitudes douloureuses que M. de Saint-Pierre composait les *Études de la Nature,* tantôt

Jugez du contre-coup que peut ressentir d'une pareille audience un homme comme moi sujet aux maux de nerfs? Je m'en retourne navré, me disant à moi-même : Voilà donc le fruit que je retire d'une conduite que j'ai tâché, pendant tant d'années, de diriger vers la justice et l'honnêteté. Je ne recueille pour prix de mes services, de mes veilles et de mes privations en tout genre, que la honte publique; alors je tombe dans le découragement.

Mais lorsque je considère mon frère infortuné, dont l'esprit s'est égaré dans une prison, et que la nécessité peut aujourd'hui précipiter

---

quittant sa retraite et sollicitant les ministres pour le malheureux Dutailly, tantôt rentrant dans sa solitude le cœur navré, et n'ayant que Dieu pour témoin de ses maux et pour consolateur. Une pareille situation demandait plus que du courage, elle demandait de la vertu! Quelle puissance devait avoir acquis sur lui-même celui qui, au milieu de tant de soucis, pardonnait à ses ennemis leur injustice, à ses amis leur froideur, et qui, en partageant son pain avec son frère, se consolait de l'abandon des hommes et des outrages de la fortune, en s'occupant de la prospérité de sa patrie et du bonheur du genre humain!

dans le crime, je me dis : Que va-t-il devenir ? il est sans ressource, j'ai éprouvé plus d'une fois qu'il était capable de tenter les démarches les plus téméraires. Je prends alors la plume, j'écris aux ministres, je leur peins sa situation et la mienne, mais en vain; je ne trouve partout que des hommes indifférens et durs, qui repoussent loin d'eux le malheur et mes sollicitations. Mon respectable ami, tirez-moi d'embarras. M. de Crosne ira sans doute demain à Versailles; faites-lui parler par vos amis, par M. le comte de Vergennes; qu'on assure d'une manière ou d'autre une subsistance durable à mon frère. Ce n'est point à moi à le juger. Mais s'il a la tête saine, qu'on l'emploie; s'il est fou, qu'on lui donne un asile puisque ma fortune ne me permet pas d'assurer son sort. Vous le savez, il n'y a que M. le comte de Vergennes qui en ait agi généreusement envers moi, en me donnant une pension de cinq cents livres. C'est un service, mon respectable ami, que vous m'avez rendu, et auquel je suis d'autant plus sensible, que c'est le seul bienfait du Roi à mon égard qui ait quelque solidité.

N'oubliez pas que les bons offices que je vous

demande; à l'occasion de mon frère, me seront encore plus chers.

Je suis avec une vive reconnaissance et une respectueuse considération,

Monsieur et ancien ami,

Votre, etc.

De Saint-Pierre.

N° 138.

✳

A MONSIEUR HENNIN.

Monsieur et ancien ami,

On m'a remis avant-hier au soir, chez mon libraire, une lettre en date du 13 juillet, décachetée et recachetée, portant pour suscription : A M. Bernardin de Saint-Pierre. Elle renfermait ces mots :

Monsieur,

J'ai l'honneur de vous prévenir que Sa Majesté vous a accordé deux cents livres sur le

Mercure de France de cette année, que vous pourrez faire toucher à la fin de ce mois sur votre reçu.

Je suis avec respect,

Monsieur,

Votre, etc.

Signé GUTH,
Directeur au bureau du Mercure,
hôtel de Thou, rue des Poitevins.

J'ai répondu que j'étais un ancien serviteur du Roi, qui ne vivais que de ses bienfaits, mais que jamais je n'en avais reçu aucun qui n'eût été accompagné d'une lettre ministérielle; que j'attachais un grand prix aux plus petites grâces du Roi, mais qu'aucun ministre ne m'ayant fait l'honneur de m'annoncer celle dont il me parlait, il voyait bien que je n'avais aucun titre pour rien demander à sa caisse.

Je lui observai à la fin de la lettre que j'avais prévenu plusieurs fois M. Panckouke, que le nom de Bernardin qu'il joignait à mon nom, était un de mes noms de baptême.

Ce matin j'ai reçu une seconde lettre de M. Guth, qui me mande que ce sont des arrangemens particuliers du ministre de Paris, avec M. Panckoucke, propriétaire du Mercure, dont le premier dispose en faveur de plusieurs gens de lettres, et qu'il croit même que ces gratifications deviennent une espèce de titre pour avoir une pension, dans la suite, sur cet ouvrage. Il me cite l'article de la lettre du ministre à M. Panckoucke : *Vous voudrez bien faire prévenir chacune de ces personnes de ce que vous avez à leur payer*, et il apporte en exemple plusieurs gens de lettres, entre autres MM. de La Harpe, Cailhava, Imbert, de Fontanelle, qui n'ont pas d'autres titres et qui n'ont pas fait la même objection.

Voici ce que je lui réponds :

Monsieur,

Je suis sensible à la peine que vous avez prise en m'écrivant une seconde lettre. Je vous réitère ce que je vous ai mandé dans ma précédente. J'attache un grand prix aux moindres bienfaits du Roi, puisque je suis un de ses anciens serviteurs, et que je n'en accepte que de Sa Majesté ; mais je ne reconnais pour bienfaits du Roi que ceux que ses ministres me font l'honneur de m'adresser directement.

De Saint-Pierre.

Je sais bien que dans ce siècle vénal, il n'est pas permis à un homme pauvre d'avoir des sentimens de décence; mais à mon âge je ne changerai pas de principes. Dieu est mon protecteur; mes affaires vont bien sous ses auspices, et je m'y tiens.

M. de Villedeuil a fait faire à Lyon une visite d'inspecteur chez un libraire, soupçonné de contrefaire mon ouvrage. Cet inspecteur lui mande qu'il n'a rien trouvé chez ce libraire, qui lui a avoué cependant que les Genevois l'avaient voulu associer à une contrefaçon qu'ils faisaient faire à Avignon, indépendamment d'une autre qu'ils ont faite à Genève même. Il répond à ce sujet de l'exactitude de la chambre syndicale de Lyon. M. de Villedeuil, que j'ai été voir hier, m'a comblé de marques d'amitié. Comme je lui ai dit que le bruit courait qu'il se faisait une autre contrefaçon à Caen, il en a fait une note sur-le-champ, et m'a dit qu'il allait ordonner une autre visite d'inspecteur pour cette ville.

Mon livre se vend bien. On vient d'enlever vingt-cinq exemplaires pour Turin et Milan. J'ai bien un millier d'écus de bénéfice. Quand cette somme sera doublée, je ferai une seconde édition semblable à la première. Je voulais rétablir mon ancien plan, et l'augmenter de deux volumes, mais ma tête n'est pas capable à présent d'un si grand travail; je m'en occuperai peu à peu. J'ai toujours un nuage sur le front, des âpretés dans la gorge et des faiblesses dans les genoux. Ce sont des maux de nerfs.

Faites-moi donc l'amitié de me répondre, ou je croirai que vous ne vous portez pas bien. Je vous ai consulté sur plusieurs objets. Donnez-moi des nouvelles de madame Hennin, à qui je présente mon respect. Comment vont les yeux de votre enfant? les miens s'affaiblissent.

Agréez les assurances de l'ancienne amitié et de la respectueuse considération avec laquelle je suis,

Monsieur et ancien ami,

Votre, etc.

De Saint-Pierre.

A Paris, ce 11 août 1785.

J'ai cru d'abord que M. le baron de Breteuil voulait revenir à moi, mais la manière dont il me jette le bienfait du Roi me fait bien voir qu'il est très-éloigné de cette pensée. Pour moi il me suffit qu'il n'ait à se plaindre dans aucun temps de ma conduite. Je ne serai pas fâché encore que mon exemple puisse servir à nos gens de lettres qui se laissent mettre par de riches libraires la bride sur le cou, parce que le mors en est d'or.

N° 159.

A MONSIEUR HENNIN.

Monsieur et ancien ami,

Je suis bien fâché que vous ne sentiez pas comme moi ; je ne répéterai rien de plus pour ma justification que ce que j'ai mis dans ma réponse au caissier de M. Panckoucke, c'est que *je ne reconnais pour bienfaits du Roi que ceux que les ministres me font l'honneur de m'adresser directement.* Il n'y a à cela ni orgueil, ni humeur, ni vanité, ni injustice, ainsi que vous m'en accusez. J'ai eu grand soin même d'y déclarer que j'attachais un grand prix aux plus petits bienfaits du Roi.

J'ai pu méconnaître ce bienfait, présenté par un libraire riche, qui tient plusieurs gens de lettres à ses gages, et qui est connu pour les séduire par différens appâts. Certainement un oiseau qui dans les champs se voit offrir du grain par un oiseleur, peut bien méconnaître ce service pour un bienfait de la Providence. Précisément les quatre gens de lettres, cités par le caissier, travaillent ou ont travaillé pour le compte de ce libraire, et sont des oiseaux renfermés dans sa cage.

M. le baron de Breteuil, dites-vous, m'a toujours voulu du bien, je me suis éloigné de lui, etc.... Certainement vous ne pensez pas ainsi. Si M. le baron de Breteuil m'a voulu donner des marques de bonne volonté dans ce bienfait du Roi, pourquoi en ôte-t-il la fleur en me la faisant présenter par un autre? Le retour de sa bienveillance ne devenait-il pas ce qu'il y avait de plus intéressant pour moi de la part d'un ministre auquel j'ai donné, aux dépens de ma fortune, les plus fortes preuves d'attachement, et qui m'a repoussé loin de lui dans les circonstances les plus terribles de ma vie. M. le baron de Breteuil ne savait-il pas que je suis plus touché de l'affection de ceux auxquels je m'attache, que du bien qu'ils peuvent me faire; et que lorsqu'il me fit offrir, il y a douze ans, cent louis à mon arrivée à Lorient, je les refusai, me réjouissant de mon côté d'avoir à lui offrir des choses rares et précieuses, et de lui prouver que l'amitié que je lui portais était gratuite, et ne tenait à aucun sentiment d'intérêt personnel. Il les reçut et me repoussa loin de lui avec des circonstances que j'ai oubliées, mais qui ont navré mon cœur, parce que j'en fus accablé précisément lorsque je me trouvais sans aucune ressource. Je veux croire que des ennemis secrets me desservaient alors auprès de lui, que l'amitié qu'il m'avait portée m'avait fait des jaloux, que son propre crédit se trouvant alors affaibli, il ne vit plus en moi qu'un homme difficile à placer qui allait rester à sa charge; mais que maintenant, qu'il jouit du plus grand crédit, il me fasse présenter deux cents livres une fois payées, par un libraire, sans y joindre la moindre marque de bienveillance personnelle; après une indifférence si longue, si cruelle et si peu méritée, c'est ce que je n'ai pas dû accepter. Ce sont, dites-vous, des *objets minimes* qui n'ont pas besoin de lettre de notification, mais ce sont, après tout, des bienfaits du Roi, et s'ils ne valent pas la peine d'être annoncés par ses ministres, ils ne méritent pas d'être reçus par ses serviteurs.

Vous m'insinuez que c'est une humeur caustique, contre ceux qui me veulent du bien, qui s'est logée dans mon cerveau, et est cause de mon mal de tête. Apparemment vous voulez rire? Dieu merci, j'ai logé dans ma tête des objets plus consolans, et c'est leurs études qui l'ont un peu fatiguée.

Je ne désire plus que le repos et la liberté; que M. le baron de Breteuil laisse donc en paix un solitaire qu'il a autrefois aimé, mais qui ne lui demande plus rien maintenant qui soit en son pouvoir, qui toutefois n'a refusé le bienfait du Roi, que par une suite du respect et de l'attachement qu'il a portés à ce même ministre, dont il a méconnu l'ame noble et généreuse par son silence même.

Le monde blâmera ma conduite et y donnera telle tournure qui lui plaira, car les hommes qui distribuent les grâces ne manquent pas d'approbations. Il me suffit de celle de ma conscience, c'est elle que je consulte lorsque vous ne considérez que mon intérêt pécuniaire; c'est par ce dernier motif que vous m'avez écrit avec un peu d'humeur; mais comme je vous l'ai dit plus d'une fois, je distingue en vous deux personnes, et je ne doute pas lorsque l'homme politique me blâme, que M. Hennin n'agît comme moi s'il était à ma place.

Je vous ai écrit sans brouillon une lettre qui peut me faire de nouveaux ennemis, mais j'ai dû répondre avec franchise, et j'ai songé que je traitais avec un ami de vingt-cinq ans.

Je suis avec un sincère attachement et une respectueuse considération,

Monsieur et ancien ami,

Votre, etc.

De Saint-Pierre.

A Paris, ce 14 août 1785.

M. Panckoucke est le premier de tous les hommes et le seul qui m'ait appelé *Bernardin*, et sûrement vous n'y pensez pas lorsque vous me dites que vous croyez que c'était mon nom de famille, puisque vous ne pouviez pas savoir même que ce fût mon nom de baptême avant de l'avoir vu imprimé à la tête de mon livre.

N° 140.

✱

A MONSIEUR HENNIN.

A Paris, ce 23 août 1785.

Monsieur et ancien ami,

J'ai écrit samedi dernier à M. le baron de Breteuil. Je lui ai mandé que je m'étais défendu d'accepter les deux cents livres que Sa Majesté m'avait assignées sur le Mercure de cette année, par respect pour lui-même; que j'avais méconnu le bienfait du Roi privé de la sanction de son ministre, et qu'il avait perdu tout son prix à mes yeux dès qu'il ne m'était pas notifié par lui. Vous voyez que j'adhère à vos conseils autant que la décence me le permet. J'ai mis autant de circonspection pour refuser cette petite somme passagère, que s'il eût été question d'une pension de cent pistoles. Cependant je puis bien vous assurer que j'aurais refusé également une pension de cent pistoles, qui ne me serait pas notifiée de la part du Roi par un de ses ministres. C'est la grâce qui donne du prix au bienfait. Je n'ai jamais rien fait pour l'amour de l'argent; il est aisé de le voir à ma fortune et aux morceaux qu'on m'a taillés. Cependant j'ose espérer que le public, et même les étrangers, assigneront un jour de plus nobles récompenses à mes travaux.

M. le baron de Breteuil n'a donc point à se plaindre de ma conduite dans tout ceci. Je lui ai donné d'ailleurs une marque de confiance en le priant de concourir à procurer à mon malheureux frère une retraite permanente, commode et sûre. Toutes les maisons royales sont du département de ce ministre, et son crédit s'étend à tout. Je l'ai assuré que je reconnaîtrais son ancienne bienveillance pour moi aux bontés qu'il aurait pour mon frère.

Vous voyez donc bien que je me rapproche de M. le baron de Breteuil, autant que je le peux, et par la voie qui me semble la plus honnête, puisqu'il n'est plus question de mon intérêt personnel, mais d'un acte de justice et d'humanité.

J'espère recevoir de vos nouvelles incessamment. Je connais le désir inépuisable que vous avez de m'obliger, et je n'ai pas balancé de vous faire part du poids de mes inquiétudes. Elles durent depuis si long-temps, et elles prennent un tel accroissement, qu'elles m'ôtent même pour l'avenir, jusqu'à l'espérance d'être heureux ! J'entends heureux à la manière des autres hommes, en me communiquant et jouissant des biens de la vie; car j'ai trouvé, depuis tant d'années, le moyen d'être moins misérable en vivant dans une solitude parfaite ! J'en ai tiré cependant des fruits bien doux, et cette portion de la bienveillance publique dont je suis accueilli aujourd'hui, est la plus heureuse récompense que je pouvais attendre de mes travaux, entrepris au milieu de tant d'orages. Cette Providence, à laquelle je me suis fié, ne m'a point trompé; elle a ramené à me vouloir du bien jusqu'à mes ennemis. Si j'avais de la vanité, je pourrais dire que j'ai repoussé loin de moi des gens qui autrefois me repoussaient loin d'eux; je n'ai point agi en ceci par vanité, ni par ressentiment, mais à cause de la discordance de nos opinions. Quant aux personnes que j'ai véritablement aimées, telles que M. le baron de Breteuil, son crédit et ses grands et illustres emplois à part, je serai très-sensible au retour véritable de sa bienveillance, et je me présenterai à lui avec autant de désintéressement que par le passé, car je ne lui demande rien pour moi. N'est-ce donc pas encore une marque de cette Providence qui veille sur mes succès, que le rédacteur du Mercure, que je ne connais en aucune manière, ait fait un éloge si avantageux de mon ouvrage, lui qui est dévoué aux académies. Il n'a pas osé, à la vérité, développer mes opinions physiques, ni même les morales, mais on sent qu'il en est pénétré.

J'espère que ce même bras, sur lequel je m'appuie, dissipera le reste de mes maux. Puisse-t-il vous donner à vous-même la force de supporter le poids des travaux publics en vous donnant une santé vigoureuse, le bonheur domestique, et l'estime de la patrie que vous servez.

Je suis avec une constante amitié et une respectueuse considération,

Monsieur et ancien ami,

Votre, etc.

De Saint-Pierre.

J'ai vu hier un *Magnolia grandiflora* en fleur chez le sieur Désemet, jardinier du jardin des apothicaires. Cet arbre a encore trois ou quatre fleurs qui doivent fleurir successivement. Si vous étiez curieux de le voir à votre premier voyage à Paris, je vous conduirais chez le sieur Désemet, pourvu que vous me préveniez du jour de votre arrivée.

J'avais un pressentiment que je recevrai aujourd'hui de vos lettres. Je suis bien sensible à l'exactitude de votre réponse, j'ai différé donc de faire partir celle-ci jusqu'après l'arrivée de la poste; j'observerai que votre réponse, en date du 21, ne m'a été remise qu'aujourd'hui 23, à quatre heures et demie, parce que vous mettez simplement sur l'adresse, *rue*

Neuve Saint-Étienne, et qu'il faut ajouter, *près des Pères de la Doctrine*; ou *près du Jardin du Roi*, attendu qu'il y a à Paris deux rues Neuve-Sainte-Étienne, et que mes lettres vont souvent de l'une à l'autre.

Je vous prie d'agir envers mon frère auprès de M. le maréchal, comme vous feriez en pareil cas envers le vôtre. Je vais envoyer sa lettre à ce ministre; elle aurait produit bien plus d'effet entre vos mains. Je verrai avec bien de la sensibilité le retour de M. le baron de Breteuil à mon égard; je ne doute pas qu'il ne soit utile à mon malheureux frère qui n'a besoin désormais que d'une retraite sûre, permanente, et où l'on pourvoie à tous ses besoins physiques. Je sens le prix de toutes les démarches que vous avez faites pour moi; je vous dois, après Dieu, l'heureuse tournure qu'elles prennent.

N° 141.

✻

A MONSIEUR HENNIN.

Monsieur et ancien ami,

Jusqu'à quand vous importunerai-je au sujet de mon malheureux frère? En voyant toutes les personnes auxquelles j'ai écrit, à son occasion, garder le silence, je ne savais plus quel parti prendre, et j'allais tenter pour lui une démarche assez extraordinaire, lorsque M. Mesnard, qui vient d'arriver à Paris, m'a offert d'engager M. le contrôleur-général de payer la pension de mon frère sur les grâces particulières du Roi. J'ai reçu la lettre de

M. Mesnard dimanche après midi; j'ai été hier le remercier. Il est depuis long-temps le ministre de la Providence envers moi, et il veut être le bienfaiteur de toute ma famille; il veut aussi vous faire contribuer au service qu'il veut rendre à mon frère, ainsi que vous avez concouru à tout ce qui m'est arrivé d'agréable. Voici donc ce que j'ai à vous mander de sa part.

Comme je ne lui ai pas dissimulé que mon frère dissiperait en peu de mois la pension qui lui serait donnée pour subsister un an, il juge convenable de lui assigner de la part du Roi une abbaye ou maison religieuse en province, au supérieur de laquelle M. le contrôleur-général adresserait la pension destinée à l'entretien et nourriture de mon frère. Mais, comme ce second service n'est point du tout du ressort du ministre des finances, et qu'il dépend entièrement du ministre de Paris, il est nécessaire que vous engagiez M. le baron de Breteuil à désigner de la part du Roi, à mon frère, une communauté où il soit tenu de faire sa résidence, et alors M. le contrôleur-général trouverait une sûreté dans le service qu'on se propose de solliciter auprès de lui, qui est d'assurer à mon frère ses besoins pour l'avenir.

D'un autre côté, pour peu que M. le baron de Breteuil ait de bonne volonté pour moi, il lui sera bien aisé de m'accorder cette grâce; il ne s'agit plus de prison, ni d'argent à débourser par la police de la cour, ni de ce que cette affaire est étrangère au ministre de Paris. Mon frère, abandonné de la marine et qui pis est de sa raison, est aujourd'hui du ressort du ministre à qui appartient la police de la cour et de Paris. J'ai ouï dire qu'il y avait une abbaye de bénédictins en Bourgogne où se retiraient beaucoup d'anciens militaires qui, pour une pension modique, buvaient et mangeaient du matin au soir. Mon frère y jouirait donc de tous les biens physiques et de la liberté dont il se soucie bien moins que de l'oisiveté. Il pourra de plus s'y livrer sans contradiction à toutes ses visions, et il ne sera plus sollicité par le besoin à entreprendre quelque projet insensé et téméraire.

Déterminez donc, je vous prie, M. le baron de Breteuil à assigner, de la part du Roi, un lieu de retraite et de résidence à mon frère, tandis que de mon côté je vais exposer, dans un mémoire au ministre des finances dont se chargera M. Mesnard, le besoin que j'ai de ses bontés à l'égard de mon frère.

L'offre imprévue de M. Mesnard m'a rafraîchi le sang; j'en avais besoin, je vous assure. Je vais faire usage des bains pendant quinze jours pour rétablir ma santé toujours assez mauvaise. Je fais des vœux pour la conservation de la vôtre, et vous prie de me croire avec une véritable amitié et une respectueuse considération,

Monsieur et ancien ami,

Votre, etc.

De Saint-Pierre.

À Paris, ce 13 septembre 1785.

Ma première édition s'écoule avec une grande rapidité, et la seconde avance très-lentement. Je doute que la fin de l'une atteigne le commencement de l'autre; on en demande à Lisbonne. Je crois qu'il n'est pas nécessaire d'importuner les ministres pour une nouvelle souscription. Je ferai tirer quelques exemplaires sur de beau papier pour en donner à vous et à quelques amis.

N° 142.

✻

A MONSIEUR HENNIN.

Monsieur et ancien ami,

Je viens de recevoir des preuves de votre influence sur M. le baron de Breteuil : il m'a annoncé, par une lettre datée de Saint-Cloud, une gratification de deux cents livres sur le *Mercure*, et la disposition où il était de faire avoir à mon frère une retraite libre et agréable dans un couvent de cordeliers situé dans une petite ville de Touraine appelée l'Ile-Bouchard, moyennant une pension de trois cent soixante-dix livres qu'il se propose de faire payer au Roi. Il y a à la vérité cette clause que je resterai, moi, chargé de l'entretien de mon frère.

J'ai remercié M. le baron de Breteuil, et je lui ai écrit que j'assignais la gratification que je toucherais incessamment chez M. Panckoucke à l'entretien et aux autres douceurs convenables dans la retraite de mon frère, en le priant de donner à ce bienfait du Roi un caractère de solidité qui manquait au reste de ma fortune, de peur que mon frère ne fût au dépourvu des principaux besoins s'il venait à me perdre.

Il s'agissait encore de faire goûter ces arrangemens à mon frère. Je lui ai donné rendez-vous ce matin. Il a pris communication de la lettre du ministre, et il en a témoigné la plus vive joie. Il a versé des larmes lorsque je lui ai dit que j'assignais à son entretien la gratification qui m'était annoncée; il m'a cependant assuré qu'il ne serait pas long-temps à ma charge puisqu'il était impossible qu'un de ses mariages ne vînt pas à réussir. Il m'a nommé une certaine veuve persécutée et bannie de ville en ville par M. Lenoir, à cause de lui, qui n'a jamais eu la liberté de répondre à aucune de ses lettres, et qui a cent vingt mille livres bien comptées chez un banquier. Il m'a ensuite tiré de sa poche deux brouillons couverts de ratures dont il m'a supplié de prendre communication, et alors il m'a offert un tableau des petites-maisons dans son costume, son attitude, ses raisonnemens, ses projets. Il est impossible d'avoir plus de désordre dans l'esprit.

Cependant, comme il est essentiel d'avoir son agrément en plein pour sa retraite qu'il combine heureusement avec ses projets, et qu'il est nécessaire qu'il s'y rende de lui-même pour éviter les frais considérables de conduite, ainsi que me le mande M. le baron de Breteuil, j'ai prié mon frère de me mettre sa réponse par écrit et de me l'envoyer incessamment. Il est temps qu'il parte pour sa destination, car il porte le même habit rouge qu'il avait il y a sept ans, et il ne lui reste qu'un louis des dix louis que M. de Castries lui a fait donner il y a six semaines. Je lui ai promis un de mes habits noirs, et j'augmenterai encore sa garde-robe d'une partie de la mienne.

Je ne saurais vous exprimer la sensation de douleur que sa vue m'a laissée; la tête m'en faisait mal. J'ai commencé les bains, et jusqu'ici je n'en éprouve pas de grands effets. Enfin j'espère que Dieu, qui vient à mon secours si visiblement cette année, en me soulageant du poids de ma famille, me rendra aussi la santé sans laquelle il n'y a point de bonheur parfait. Je vous remercie des soins que vous ne cessez de prendre à mes intérêts, et dont j'apprends le succès plutôt que la nouvelle. Je vous prie, si vous avez occasion de voir M. le baron de Breteuil, de me rappeler à son souvenir, et de l'engager à recommander mon frère au supérieur de son couvent futur où il aura d'ailleurs la liberté de se promener aux environs. Mon frère n'est égaré que sur un seul point, mais il l'est complètement. D'ailleurs il est d'un caractère fort honnête et fort doux. Je vous prie d'excuser les négligences de ma lettre. J'en ai écrit plusieurs aujourd'hui à ce sujet qui ont redoublé mon mal de tête.

Je suis avec une vraie reconnaissance et une respectueuse considération,

Votre, etc.

De Saint-Pierre.

A Paris, ce 19 septembre 1785.

N° 143.

✻

A MONSIEUR HENNIN.

Monsieur et ancien ami,

Dimanche dernier, M. Henry, inspecteur de la librairie, passa chez moi, et m'annonça qu'il était chargé de conduire mon frère à l'Ile-Bouchart en Touraine. Il me fit part des arrangemens qu'il se proposait de prendre à cette occasion, et je ne trouvai rien à ajouter ni à retrancher au plan de prudence et d'humanité qu'il me communiqua à ce sujet. Il devait partir en poste mardi dernier, et n'employer que trente-six heures pour se rendre à l'Ile-Bouchart, quoiqu'il y ait d'ici soixante-quatorze lieues. Je me suis félicité de ce que l'administration avait donné à mon frère un conducteur sûr et honnête, car lundi dernier mon frère m'écrivait, à l'occasion d'un habit noir que je lui avais envoyé la veille, comme un homme décidé à se retirer, sous huit jours, à Clermont en Auvergne, si on ne faisait revenir à Paris une de ses prétendues qui demeure aux environs. Cependant, par une autre contradiction, il me prie de ne pas perdre l'Ile-Bouchart de vue, parce qu'il est persuadé que M. le baron de Breteuil lui prépare quelque bon établissement dans le voisinage.

Enfin Dieu m'a délivré de cette longue et cruelle peine! vous y avez beaucoup contribué par vos bons offices auprès de M. le comte de Vergennes; je vous en réitère mes remerciemens. Il ne me reste plus qu'à désirer le retour de ma santé. Depuis quinze jours je suis fatigué d'un gros rhume qui pourtant commence à s'apaiser. Je crois qu'un mal chasse l'autre, car j'ai perdu depuis quinze jours le mal de tête et de gorge que j'avais depuis l'équinoxe du printemps; cependant j'ai toujours de la faiblesse dans les genoux, et ma vue s'affaiblit et se trouble surtout vers le soir. J'ai besoin que la fortune me donne bientôt les moyens de défrayer un compagnon ou une compagne dans ma solitude.

D'un autre côté je n'ai que des consolations de mon ouvrage; il m'en reste encore environ trois cents exemplaires, car mon libraire en vend peu depuis que le bruit s'est répandu dans Paris que j'en faisais une seconde édition; mais la province en tire toujours beaucoup; avant-hier vingt-cinq pour Strasbourg et autres lieux. Je compte que tout sera écoulé avant que la nouvelle édition paraisse, qui va fort lentement.

Hier M. l'abbé de Vigneras, qui a mis mon explication du déluge dans sa majeure de Sorbonne, m'est venu voir. Il me dit que mon opinion avait éprouvé d'abord beaucoup de contradictions parmi ses confrères, mais qu'elle les avait à la fin gagnés; qu'elle était soutenue dans plusieurs écoles de théologie, et qu'il connaissait déjà quinze de mes partisans parmi ses camarades. Il a ajouté que madame Adélaïde avait demandé deux fois mon ouvrage à une personne de sa connaissance, et il m'a insinué que je ferais une chose agréable à cette princesse si je lui dédiais ma seconde édition. Je m'en suis excusé par plusieurs raisons. Ce n'est pas que je ne m'y déterminasse si j'étais sûr qu'en effet elle désirât cette dédicace, mais je ne solliciterai pas cet honneur. Les puissances de ce monde m'ont trop souvent repoussé, je ne leur demande plus rien qu'une solitude un peu mieux meublée que celle qui est au frontispice de mon livre; c'est là où j'espère, en paix et surtout en liberté, achever de dégager ma Minerve de son arbre, et mettre un globe à ses pieds.

M. l'archevêque d'Aix a dit que je ressemblais à Jean-Jacques, que je refusais ma fortune, et que je n'avais pas voulu d'une pension du clergé. Ce propos a été répété dans une compagnie où il y avait plusieurs membres de l'assemblée du clergé; heureusement il s'y est trouvé un grand-vicaire de mes amis qui a rendu compte à ces messieurs de ma conduite en cette occasion; ils l'ont approuvée d'une voix unanime. Je ne sais pas s'ils auraient applaudi à celle de M. l'archevêque d'Aix, s'ils avaient su qu'ayant eu l'honneur de lui écrire pour l'informer des raisons de décence qui m'empêchaient de rien demander au clergé, il ne m'avait pas fait celui de me répondre.

Portez-vous bien dans le nouveau séjour où je vous suppose, et croyez que votre réponse sera très-agréable à un solitaire, à un malade et à un ami.

Je suis avec un sincère attachement et une respectueuse considération,

Monsieur et ancien ami,

Votre, etc.

De Saint-Pierre.

A Paris, ce 15 octobre 1785.

N° 144.

À MONSIEUR HENNIN.

A Paris, 10 novembre 1785.

Monsieur et ancien ami,

Vous ne m'avez point donné de vos nouvelles pendant tout le voyage de Fontainebleau. Je vous ai marqué l'arrivée de mon frère à l'Ile-Bouchart où il se déplait bien fort quoique ce soit un lieu très-agréable. Il m'a écrit deux lettres avec les copies de deux autres qu'il a envoyées à M. le baron de Breteuil.

Ce ministre en agit à son égard avec beaucoup d'humanité et de sagesse, car il a réitéré ses recommandations au supérieur des cordeliers de cette île, en lui enjoignant d'avoir toutes sortes de ménagemens pour mon frère, et de prendre toutefois les précautions nécessaires pour qu'il ne s'évade pas. C'est de quoi il a eu la bonté de m'instruire dans un grand détail. J'ai donc de la tranquillité de ce côté-là, et je le dois à vos bons offices.

D'un autre côté j'ai de la satisfaction de mon ouvrage; il n'en reste plus à vendre que deux cent vingt exemplaires, mais je n'ai encore que douze feuilles de la nouvelle édition. J'ai fait graver dans celle-ci une figure qui démontre sensiblement l'erreur de nos astronomes qui se sont évidemment trompés en concluant de leurs opérations que la terre était aplatie aux pôles.

Si, dans le tourbillon d'académiciens qui vous environne, quelqu'un s'était aperçu que je me trompe moi-même, vous me rendriez le plus grand service de m'en avertir, car j'aurais un grand tort d'avoir tort sur ce point, et je ne l'aurai pas moins d'avoir raison. Il faut donc que je rende ce que je dois à la vérité, et que je me hâte de faire ma moisson avant que le temps des persécutions arrive, qui sont les récompenses les plus ordinaires de ceux qui ne veulent pas flatter les erreurs accréditées.

M. Mesnard me mande qu'il a été malade. Il part de la Bonnière pour Paris le lendemain de la Saint-Martin avec madame et mademoiselle. Mon rhume est passé sans médecin et sans médecine, et, par la grâce de Dieu, a emporté mon mal de gorge qui m'a duré d'un équinoxe à l'autre. Pour mon rhume, il a duré autant qu'un voyage de Fontainebleau : six semaines. Mes genoux se renforcent, et mon mal de tête se dissipe. L'exercice et le froid me sont favorables ; mais je ne peux guère me promener que l'après-midi, car je n'ai point de serviteur. Dieu a répandu ses bénédictions sur mon travail, ma fortune, celle de ma famille, mes amis, mes patrons, ma santé, tout s'améliore de jour en jour. Je vous excepte du nombre, car vous avez toujours eu pour moi le même fonds de bonne volonté. Je vous prie donc de m'en donner des preuves en m'envoyant de vos nouvelles ainsi que de celles de madame Hennin.

Je suis avec une sincère amitié et une respectueuse considération,

Monsieur et ancien ami,

Votre, etc.

De Saint-Pierre.

N° 145.

A MONSIEUR HENNIN.

Monsieur et ancien ami,

J'écris aux ministres qui m'ont fait du bien : 1° au vôtre, pour le remercier de m'avoir porté bonheur le premier, et de m'avoir donné un bienfait du roi qui est le seul qui me soit assuré; 2° à M. le baron de Breteuil, pour l'engager à porter la pension de mon frère à huit cents livres; 3° j'écris à M. de Calonne pour le remercier de son bienfait de quatre cents livres envers ma sœur, l'année passée, et pour le prier de donner de la stabilité à cette gratification ainsi qu'à la mienne. Ce sera l'affaire de M. Mesnard. Je ne m'adresse plus à M. le maréchal de Castries, car il a refusé constamment toutes mes demandes, quoique mon ouvrage intéresse particulièrement la marine. J'ajoute, à la fin de ma seconde édition, de nouvelles preuves à ma théorie des marées et des courans, qui y mettront le dernier degré d'évidence. Les Anglais commencent à la goûter, car, depuis un mois, voilà deux douzaines d'exemplaires pour Londres. Au reste je reçois de tous côtés des lettres et les invitations les plus obligeantes de personnes que je ne connais pas. Madame la comtesse de Coislin m'a fait inviter à la venir voir. Une dame de Normandie, appelée madame de Boisguilbert, vient de m'écrire deux fois pour m'engager à venir passer la belle saison dans son château, à Pinterville près Louviers. Je repousse toutes ces invitations avec respect et avec le sentiment de mes maux, car j'ai toujours mes indispositions. La reine, le croirez-vous, dînant, au commencement de ce mois, chez madame de Polignac, a cité mon ouvrage à l'occasion des oiseaux des Indes dont quelques-uns ont des poitrines rouges dans la saison des amours, comme si c'étaient des habits de parade prêtés par la nature seulement pour le temps des noces. Ce suffrage auguste me fait sans doute plaisir, comme venant d'une belle dame et d'une reine. Après celui-là vous pensez bien que je ne vous en citerai pas d'autres.

Ma seconde édition paraîtra, je l'espère, vers la fin de février, et je compte que la première sera alors entièrement écoulée. Ne différez pas, je vous prie, à renvoyer les deux exemplaires dépareillés, sans quoi ils seront perdus; c'est à présent qu'on peut les raccorder avec les *défaits* de l'imprimerie. Les frais de la première et de la seconde édition étant payés sur mon bénéfice, j'en emploierai l'excédant à payer mes anciennes dettes contractées dans mes voyages et services au Nord. En conséquence j'écris au prince d'Olgorouki, ancien ambassadeur de Russie à Berlin, à M. de Taubenheim, administrateur-général des finances au même lieu, à M. Duval, négociant genevois à Pétersbourg, afin qu'ils m'envoient les quittances générales de ce que je leur dois vers la fin de février. Il faut que le juste et l'honnête marchent avant l'utile. Il ne me restera à la vérité presque rien; mais la deuxième édition sera tout entière à moi, et je pourrai songer alors à acquérir un petit jardin, si toutefois le goût du public se soutient. En attendant, je vous prie de faire parvenir les trois lettres adressées à mes principaux créanciers, et, si vous n'y trouvez point de difficulté, je les renfermerai dans la prochaine.

J'attends votre réponse sur cet objet ainsi que sur ceux de mes lettres précédentes; mais celui qui m'occupe à présent est celui de votre santé et de votre prospérité, pour lesquelles je fais les vœux d'un ami reconnaissant qui vous souhaite tous les biens que la considération publique et le bonheur domestique peuvent réunir sur vous. Agréez les assurances et les témoignages invariables de notre ancienne amitié et de la respectueuse considération avec laquelle je suis pour la vie,

Monsieur et ancien ami,

Votre, etc.

De Saint-Pierre.

A Paris, ce 26 décembre 1785.

J'ai reçu, il y a six jours, une lettre de M. Guis de Marseille, auteur du *Voyage littéraire de Grèce*, qui m'écrit, à l'occasion de mon livre, une lettre comme il l'aurait écrite à Platon : on voit bien qu'il ne me connaît pas; et avant-hier on m'a apporté de sa part un superbe exemplaire relié en veau écaillé de son Voyage, en quatre volumes, avec l'annonce d'un autre Voyage, sous presse, intitulé *Marseille ancienne et moderne*, qu'il me destine pareillement. Je ne reçois aucun cadeau, et j'ai déjà refusé des ouvrages de plusieurs auteurs; mais, comme je voulais acquérir ce Voyage, et que j'ai de quoi m'acquitter en partie en envoyant à M. Guis un exemplaire de ma seconde édition, j'ai accepté ses présens en me défendant très-fort d'en recevoir d'autre à l'avenir. Ce n'est point par vanité que je vous dis ceci, mais pour vous faire voir que si nos savans des Académies de Paris, dont j'ai attaqué les principes, ne m'ont pas rendu justice et gardent le silence sur mes travaux, d'autres au loin en deviennent les partisans.

N° 146.

✴

A MONSIEUR HENNIN.

Monsieur et ancien ami,

Je ne doute pas que vous ne soyez accablé d'écritures puisque j'en suis surchargé, moi qui vis loin des affaires. En attendant votre réponse à mes lettres, en voici trois que je vous prie de faire parvenir à leurs adresses, dans les paquets de la cour. C'est une bonne œuvre dont vous aurez votre part, puisqu'il s'agit de l'acquit de mes dettes. J'ai pris même la liberté de proposer aux trois créanciers ci-présens de charger de leurs créances le ministre de France dans leurs pays, et je lui ferais tenir mes fonds par votre moyen. Cependant je suppose que la chose soit facile et commode pour messieurs des affaires étrangères résidens à Pétersbourg et à Berlin; autrement mes créanciers emploieront les voies qui seront le plus à leur commodité.

Mon édition s'écoule peu à peu; n'oubliez pas de m'envoyer les deux exemplaires dépareillés.

La nouvelle édition ne paraîtra qu'en mars. On m'a assuré ces jours-ci que Sa Majesté venait de faire un fonds de pensions de quatre-vingt mille livres pour les gens de lettres, et qu'elle avait eu la bonté de m'y comprendre pour mille ou douze cents livres.

M. Mesnard n'en a point ouï parler. Il croit que ceux qui m'ont dit cette nouvelle se sont mépris, et qu'ils auront pris pour une pension le bienfait annuel et passager que j'ai chaque année sur la finance; ainsi il y a grande apparence que cette pension du Roi, que des gens très-graves m'ont annoncée, prendra le chemin de la pension de deux mille livres que le clergé devait me faire et que je n'ai point eue, a dit M. l'archevêque d'Aix, parce que je n'ai pas voulu la solliciter. Je ne la solliciterais pas davantage, si c'était encore à faire, et pour l'honneur du clergé et pour le mien.

J'espère que Dieu, qui m'a fait la grâce de trouver de l'eau dans mon propre puits, en rendra la source suffisante pour mes besoins à venir. Son plus beau canal est sans doute la pension de cinq cents livres que vous m'avez fait avoir sur les papiers publics de votre département. J'espère en toucher une demi-année ce mois-ci ; agréez-en les témoignages de ma reconnaissance et de la respectueuse considération avec laquelle je suis,

Monsieur et ancien ami,

Votre, etc.

De Saint-Pierre.

A Paris, ce 7 janvier 1786.

Rappelez-moi, je vous prie, au souvenir de MM. du Rival et de Renneval.

N° 147.

✻

À MONSIEUR HENNIN.

Monsieur et ancien ami,

Je compte recevoir incessamment de vos nouvelles; en attendant j'ai encore à vous requérir de quelques services.

M. Guis de Marseille, auteur du *Voyage littéraire de Grèce*, me mande que les libraires de sa ville ne vendent uniquement qu'une mauvaise contrefaçon de mon ouvrage qu'ils livrent à sept livres dix sous l'exemplaire broché. Il en est de même à Toulon, dit-il, et sans doute à Aix, à Montpellier et dans les provinces du Midi ; car depuis trois mois leurs libraires ne tirent plus d'exemplaires de Paris. Je viens d'en écrire à M. Vidaud de la Tour, afin de réclamer sa justice et les droits de mon privilége. J'en ai instruit également M. Mesnard, afin qu'il fasse agir M. le censeur général. De votre côté faites quelques démarches auprès de vos amis. Songez qu'il s'agit de maintenir les intérêts des gens de lettres et les lois du prince qui, en ce point, sont violées avec la plus grande audace. C'est en vain que le prince accorde des priviléges aux gens de lettres qui font les frais d'imprimer leurs propres ouvrages, si les libraires s'emparent impunément du fruit de leurs travaux. Ceci m'arrive dans une circonstance embarrassante, aux approches d'une seconde édition et à la fin de la première. Il me reste de celle-ci environ cent trente exemplaires qui ont toutes les peines du monde à s'écouler, parce que les libraires de Paris répandent partout que ma seconde édition va paraître, et parce que les libraires de province s'en tiennent à la contrefaçon qu'ils ont fait faire.

Il est donc nécessaire de mettre un frein aux brigandages des libraires de province, tant pour la contrefaçon de ma première édition que pour prévenir celles de la seconde. Je vous prie d'y employer votre crédit. Au reste, M. Guis fait des éloges si excessifs de la réputation de mon livre dans son pays que je n'ose les répéter. Il me vient de semblables lettres de Nantes et d'autres lieux.

Avec tous ces complimens ma fortune, comme vous voyez, n'en va guère mieux; je n'ai encore rien d'assuré, même pour vivre, et ma santé, malgré mes exercices fréquens, est toujours la même. Il est vrai que j'ai un petit traitement annuel de votre département, mais je le dois plus à vos bons offices et à la bienveillance de M. le comte de Vergennes qu'à mon ouvrage, puisqu'il m'a été accordé avant que celui-ci ait été lu. Cependant mes années s'avancent et ma santé s'affaiblit; il y a assez long-temps que je pourvois seul à la plupart de mes besoins, étant à la fois mon commissionnaire, mon pourvoyeur, mon cuisinier, mon valet de chambre et mon secrétaire; je sens que j'aurais besoin d'un aide. Je désire aussi un autre logement; celui-ci est bien brûlant en été et bien rude en hiver, quand l'aquilon souffle et traverse mon donjon d'un bout à l'autre, car ses principales fenêtres regardent le Nord en face; je puis vous assurer que dans les derniers froids toutes les eaux ont été gelées chez moi pendant plus de huit jours; un bon nombre de mes pots ont été cassés; l'eau que boit mon chien gelait dans mon poêle, c'est-à-dire dans la chambre où il est allumé.

Je ne peux rien changer à ma position tant que ma fortune ne changera pas. Tout ce que j'ai recueilli jusqu'à présent a servi à payer deux éditions et une partie de mes anciennes dettes. Il ne me reste à présent à disposer d'aucun excédant. Vous sentez donc la nécessité de faire agir l'administration pour réprimer la rapacité des libraires qui contreferont bientôt ma seconde édition et m'en enlèveront le fruit, si on n'en fait pas un exemple. Ne différez pas davantage à me donner de vos nouvelles; je vous parle trop souvent de moi parce que vous ne me parlez jamais de vous. Votre santé intéresse sans doute le cours des affaires politiques, mais vous n'êtes pas tenu de garder le secret sur ce point, surtout avec vos amis. Êtes-vous tout-à-fait délivré de cette humeur cutanée dont vous étiez affecté il y a deux ans? Je suis tenté de croire que c'est une semblable humeur qui se fixe sur mes nerfs. Quoi qu'il en soit, je prie Dieu, le moteur et le centre universel de toutes les harmonies, de maintenir long-temps celles d'où dépend votre bonheur et votre santé.

Agréez les assurances d'attachement et de la considération respectueuse avec lesquelles je suis pour la vie,

Monsieur et ancien ami,

Votre, etc.

De Saint-Pierre.

A Paris, ce 13 janvier 1786.

N'oubliez pas de faire parvenir dans les pays étrangers les lettres que j'ai pris la liberté de vous envoyer dernièrement.

N° 148.

A MONSIEUR HENNIN.

Monsieur et ancien ami,

J'espère, s'il plait à Dieu, aller coucher à Versailles samedi au soir, et présenter les exemplaires de ma seconde édition à MM. le comte de Vergennes, de Breteuil et de Calonne, le dimanche matin.

Il ne reste plus qu'une vingtaine d'exemplaires de la première édition. J'espère que celle-ci aura un cours encore plus rapide. Un libraire de Rouen en prend deux cents exemplaires payés comptant. On en demande de tous les côtés. J'ai joint à mon libraire le sieur ....., dont le commerce en province est fort étendu. Un de mes anciens créanciers et amis, M. de Taubenheim, administrateur-général des finances en Prusse, à qui je devais une centaine d'écus, m'a répondu et refusé de reconnaître sa créance. Il m'a écrit la lettre du monde la plus touchante, ne me demandant qu'un exemplaire de mes Études et un pour le roi de Prusse. Je lui ferai un envoi de livres convenables; il me croit riche; il ignore l'état de pénurie où je suis depuis bien des années, et que tout ce vain bruit de renommée ne m'a pas encore donné dans ma patrie un morceau de pain assuré, quoique déjà les infirmités m'assiégent.

J'ai écrit au prince d'Olgorouki qui n'est pas à Pétersbourg comme je le croyais, mais à Berlin, d'où il part pour sa cour au mois de mai. Mon ami Duval ne m'a pas encore répondu.

J'espère que c'est du Nord, où l'on demande beaucoup d'exemplaires de mon ouvrage, que viendra le jugement que ma patrie portera de mes travaux. Un Anglais hier s'est informé de ma demeure chez un libraire.

Je n'ose parler des lettres et des visites que je reçois de toutes parts. Mais comme il y a long-temps que je ne compte plus sur les illusions du monde, j'espère que les nouveaux rayons de lumière que j'ai répandus dans ma nouvelle édition, achèveront d'éclairer les hommes qui cherchent la vérité, sur l'erreur fondamentale de nos astronomes, et sur la cause du mouvement des mers.

J'ai lieu de croire que la démarche que je ferai auprès de M. le baron de Breteuil, en lui présentant un exemplaire de cette édition, lui sera agréable. Quoi qu'il en soit, je saisirai cette occasion de lui recommander mon malheureux frère.

Pour moi, je compte toujours sur notre ancienne amitié, que je crois inaltérable, puisque le temps et les événemens l'ont éprouvée.

Je suis avec un sincère attachement et une respectueuse considération,

Monsieur et ancien ami,

Votre, etc.

DE SAINT-PIERRE.

A Paris, ce 19 mars 1786.

Comme cette année il y a eu une bonne quantité de neiges sur notre hémisphère, vous verrez si nos grandes marées de l'équinoxe ne seront pas plus fortes qu'à l'ordinaire, et si nos papiers publics ne feront pas à ce sujet des observations qui confirmeront ma théorie.

Mes respects à madame Hennin, s'il vous plaît.

N° 149.

✲

A MONSIEUR HENNIN.

Monsieur et ancien ami,

Je me préparais à vous voir demain comme je vous l'avais marqué. Mes maux ont augmenté, ma vue se trouble, mes genoux s'affaiblissent, et j'ai fréquemment des maux de tête et des mouvemens spasmodiques, surtout les après-midi. Je n'éprouve de soulagement que dans la solitude et le repos ; vous pensez bien que dans cet état je ne vais pas me jeter dans le tumulte des audiences ministérielles. J'écris à M. le comte de Vergennes et aux autres ministres du roi auxquels j'ai destiné des exemplaires de ma deuxième édition, comme des témoignages de ma reconnaissance. Je vous prie de vous charger de présenter à votre ministre l'exemplaire qui lui est destiné et que j'ai fait mettre avec le vôtre à la messagerie de Versailles, à votre adresse. Ils partiront ce soir.

Les principales augmentations de mon ouvrage consistent : 1° dans un avis en tête du livre ; 2° dans une figure qui démontre que la terre est allongée aux pôles d'après les propres opérations de nos astronomes et contre leurs résultats, pag. 530, tome 3 ; 3° enfin dans des preuves bien curieuses et fort authentiques du cours de l'Océan Atlantique, six mois vers le pôle sud et six mois vers le pôle nord, page 542 jusqu'à 555, tome 3. Je vous prie d'engager M. le comte de Vergennes à lire ces articles, et de me mander son sentiment et le vôtre.

Mon ouvrage ne sera en vente qu'à la fin de la semaine ; j'en fais expédier lundi deux cents pour un libraire de Rouen, appelé M. Racine, qui les a payés comptant. Vingt-cinq pour Nantes, *idem*. Il va falloir écrire aux autres ministres, aux journaux, etc. Je suis surchargé de correspondances. Agréez donc les témoignages d'amitié et de considération respectueuse avec lesquels je suis pour la vie.

Monsieur et ancien ami,

Votre, etc.

De Saint-Pierre.

A Paris, ce 25 mars 1786.

Je vous prie de m'excuser auprès de M. le baron de Breteuil, auquel j'écris.

Vous aurez la bonté de faire parvenir à M. le baron de Breteuil et à M. de Calonne les exemplaires à leurs armes. Celui qui est en veau et en écaille est pour M. Robinet, premier commis de M. le baron de Breteuil. Je vous prie de les faire expédier dans la matinée même, car ils sont annoncés à ces ministres.

N° 150.

✻

A MONSIEUR HENNIN.

Monsieur et ancien ami,

Vous ne m'avez point encore donné avis de la réception de mes exemplaires ; M. le comte de Vergennes est le seul ministre qui m'ait fait l'honneur de me répondre et de la manière la plus gracieuse à mon goût. Il n'y a qu'un ministre très-laborieux qui sente le prix d'un grand travail. Mais cela ne suffit pas, et il me faut des personnes bien convaincues de son utilité ; c'est ce que je compte trouver dans M. le comte de Vergennes même, lorsque vous lui aurez indiqué les additions essentielles que j'ai faites à ma deuxième édition. Je ne demande rien à la cour, mais certainement ma position est bien embarrassée. Je perds tout mon temps à pourvoir moi-même à la plupart de mes besoins. Loin de pouvoir défrayer une servante, je n'ai pas encore le nécessaire assuré. Ma gratification annuelle de la finance est exposée à bien des vicissitudes. On me l'a payée d'abord en janvier, puis en février, puis en mars, maintenant je l'attends, et chaque année sans pouvoir y compter. Vous devez penser si cette manière d'exister me donne de l'inquiétude : c'est ce qui m'a déterminé à précipiter mon travail, auquel j'aurais dû donner deux ou trois années de plus. Tirez-moi donc de cet embarras par la bienveillance de M. le comte de Vergennes, s'il est vrai que j'aie bien mérité des sciences par mes travaux, si longs et si pénibles. Vous n'en voyez que la fleur, l'épine est restée dans mes nerfs.

Ma première édition est écoulée à l'exception de six exemplaires ; la deuxième est en vente d'aujourd'hui. Je suis ruiné par les présens, les remises aux libraires, etc. La chambre syndicale demande huit exemplaires pour la deuxième comme pour la première édition, d'après je ne sais quel nouveau règlement. Mais ce que vous trouverez de plus étrange, c'est que les contrefacteurs sachant que ma deuxième édition allait paraître en ont fait une augmentée de leur façon qui a devancé la mienne. M. l'abbé de Vigneras m'a dit qu'il en avait vu un exemplaire entre les mains de M. le curé de Saint-Sulpice. Elle est imprimée à Lyon par son titre. On y a mis sur mon compte plusieurs absurdités, entre autres sur le célibat. J'ai écrit à M. Vidaud, car dans mes indispositions je ne peux voir personne. Il m'a répondu honnêtement.

La chambre syndicale va donner, moyennant mes huit exemplaires, le titre de mon livre à la Gazette de France. Vous pouvez bien y faire ajouter quelques lignes qui annoncent les augmentations importantes que j'ai ajoutées à cette édition.

Je n'ai point reçu encore de nouvelles de Russie. Ma santé est toujours la même, des yeux et des genoux qui s'affaiblissent. Je crois que les eaux pourraient me faire du bien ainsi que vous me les conseillez, mais ce sont des voyages très-coûteux, et je n'ai encore rien d'assuré pour mon nécessaire.

Adieu, portez-vous bien, et agréez les assurances de l'amitié et de la respectueuse considération avec lesquelles je suis pour la vie,

Monsieur et ancien ami,

Votre, etc.

DE SAINT-PIERRE.

A Paris, ce 2 avril 1786.

N° 151.

A MONSIEUR HENNIN.

Monsieur et ancien ami,

Je viens de payer à M. Barth, ami du prince d'Olgorouki, 550 livres que je devais à cet ambassadeur, pour 25 frédérics d'or qu'il m'a prêtés il y a environ vingt ans. J'ai sa quittance.

M. de Taubeinheim, conseiller privé du roi de Prusse, n'a point voulu m'envoyer de quittance pour ma dette envers lui, prétendant que je ne lui devais rien. Il m'a demandé seulement un exemplaire de mon ouvrage pour lui et un autre pour Sa Majesté, ou pour le prince royal. J'en ai fait relier trois de papier d'Annonay, en maroquin; j'y en ai ajouté quelques autres, l'abonnement du Mercure et de la Gazette de France pour cette année, dont il m'avait demandé le prix, et je lui ai fait cet envoi par la diligence, le port payé jusqu'à Strasbourg. C'est un cadeau d'environ une cinquantaine d'écus, qui toutefois n'égale pas le montant de ma dette.

Celle que j'ai contractée avec M. Louis Duval, négociant genevois à Pétersbourg, est beaucoup plus forte. Je la crois au moins égale à celle du prince d'Olgorouki; mais je suis surpris de ne pas recevoir de ses nouvelles. Si vous avez occasion d'écrire à Pétersbourg, je vous prie de prendre à ce sujet quelques informations. Je désire enfin m'acquitter de mes dettes contractées dans mes services du Nord.

En feuilletant mes papiers, j'ai déterré un autre créancier. Il y a environ vingt-quatre ans, qu'étant élève des ponts et chaussées et contrôleur dans le département de Versailles, j'empruntai cent livres du sieur Vignon, entrepreneur des ponts et chaussées et des bâtimens du roi à Versailles. Sept ans après je fus envoyé ingénieur du roi à l'Ile-de-France; comme je me trouvais à mon départ avec un peu d'argent comptant, j'acquittai quelques petites dettes à Versailles; mais je ne me rappelle pas du tout si je payai celle du sieur Vignon, j'ai lieu de croire que je ne l'ai pas fait, car cette somme était pour moi un objet considérable, tant ma fortune a toujours été étroite. Je vous prie donc de vous informer si le sieur Vignon vit encore, afin que je lui tienne compte de cet argent, ou à son défaut à ses héritiers. Vous pouvez vous procurer des renseignemens sur l'existence du sieur Vignon, par le moyen de M. le directeur-général des bâtimens ou par ses principaux commis.

Voilà toutes les dettes que je me rappelle au monde, et dont je désire bien me débarrasser, puisque Dieu m'en donne aujourd'hui les moyens. Maintenant, il me reste cinq à six mille livres à placer en rente foncière, et je désire le faire de sorte que je puisse retirer cet argent quand je le voudrai, pour acheter une petite maison et un jardin, lorsque mes fonds seront plus considérables. Éclairez-moi sur tous ces objets.

Dieu merci, la deuxième édition s'écoule aussi rapidement que la première. Vous avez vu sans doute le compte qu'en a rendu le Journal de Paris, samedi dernier. Il n'a pas manqué, à son ordinaire, de rejeter tout ce que j'ai dit en physique, sans alléguer la moindre objection. Soyez sûr que les autres journaux, dévoués aux académies, en parleront de même; car vous n'avez jamais vu aucun corps ni leurs agens se rétracter sur des erreurs auxquelles sont attachés des pensions et des titres; mais ce qui prouve évidemment que mes raisons sont bonnes, et que les leurs ne valent rien, c'est qu'ils n'en ont allégué aucune pour étayer leur système dont j'ai sapé les fondemens.

J'aurais bien envoyé un exemplaire de mon ouvrage à la Société royale de Londres, pour qu'elle en porte un jugement; mais le même esprit y règne sans doute; et d'ailleurs les Anglais ont deux grands griefs contre moi : le premier, d'avoir mis en évidence une erreur capitale en géométrie de Newton, leur idole, et le deuxième, d'être Français. Puisque je ne peux demander justice ni aux amis ni aux ennemis, je l'attendrai de tout lecteur à qui il reste du sens commun et une conscience.

Répondez-moi, je vous prie, sur ces divers objets; et croyez que je suis avec une constante amitié et une respectueuse considération,

Monsieur et ancien ami,

Votre, etc.

De Saint-Pierre.

A Paris, ce 22 avril 1786.

Présentez, je vous prie, mes respects à M. le comte de Vergennes. Si ses bienfaits ne sont pas considérables, ils sont au moins donnés de bonne grâce et paraissent solides.

N° 152.

※

A MONSIEUR HENNIN.

Monsieur et ancien ami,

Il faut que votre chancelleriste retienne vos réponses à mes lettres comme celui du consul de France à Pétersbourg a retenu ma lettre à M. Duval, qui ne l'a reçue que le 1ᵉʳ mai. Cependant, malgré votre silence, je continuerai à vous donner de mes nouvelles, afin de vous déterminer, à force de constance et de confiance, à me donner des vôtres.

La réponse de M. Duval m'a un peu surpris; car je ne croyais lui devoir que 500 livres, et je lui suis redevable de 100 pistoles par mes billets même faits il y a vingt-un ans, et qu'il me renvoie d'avance, loyalement, à sa manière. Il s'est bien douté que, vu le retard de sa réponse, j'aurais disposé de mes fonds, et il me laisse pour son paiement tout le temps qui me sera convenable. En effet, j'ai payé 550 livres au prince d'Olgorouki, par les mains de M. Barth, et ce que je devais à M. de Taubeinheim, administrateur-général du tabac à Berlin, qui n'a pas voulu d'argent, avec des livres que je lui ai envoyés en présent, etc. Du surplus de mes fonds, je viens d'acquérir une petite maison avec un jardin, rue de la Reine-Blanche, vis-à-vis celle des Gobelins, pour le prix de 5,000 livres, payables le 1ᵉʳ septembre. Les frais de lots et ventes du contrat, de deniers royaux, de lettres de ratifications, de réparations, de cloisons, de jardinage, d'ameublement, d'approvisionnemens, feront monter mon acquisition à plus de sept mille livres, et je n'ai en tout guère plus de 2,000 écus, sur lesquels je vais prendre mille livres pour payer M. Duval. Je m'en repose donc pour l'avenir, ainsi que par le passé, sur la Providence, qui a aussi béni mes travaux. J'espère que vous serez un de ses meilleurs agens à mon égard, et que vous engagerez M. le comte de Vergennes à faire quelque chose de plus en ma faveur. Je n'ai d'assuré que les 500 livres de la caisse littéraire, et quand les 1,000 livres de la finance le seraient, je n'ai pas de quoi soutenir l'entretien d'une maison et d'un domestique dont je vais être chargé le mois prochain. La vente de mon livre est ralentie par le tort considérable des contrefaçons qui ont reflué dans Paris. On m'a assuré que le libraire Poinçot les faisait venir de Versailles par les voitures de la cour. Ce qu'il y a de certain, c'est que j'en ai vu un exemplaire exposé publiquement en vente chez Sanson, dans le Louvre. On m'a mandé de Lyon et de Besançon, qu'on n'y vendait presque que des contrefaçons de mon livre. Elles ont rempli toute la Provence et le Dauphiné. J'ai porté de nouvelles plaintes à ce sujet au secrétaire de la librairie, M. Thiébault, n'ayant pas trouvé M. Vidaud de la Tour; mais quelle justice puis-je espérer d'un magistrat qui a ordonné que les contrefaçons de mon livre précédemment saisies à Marseille, tourneraient au profit de la chambre syndicale de cette ville, malgré les représentations de M. Marin, inspecteur de la librairie, qui a insisté pour qu'on eût égard à mon privilége et à la justice, qui ne permet pas que la saisie des choses prohibées tourne au profit de ceux même qui en font le commerce. C'est M. Guis de Marseille qui me mande ces choses, et quand je me suis plaint à M. Thiébault, celui-ci n'en est pas disconvenu, mais il n'a su que me répondre.

Je vous donne avis de tout ceci, afin que vous m'aidiez de votre crédit, et que vous me donniez enfin de vos nouvelles. Quelque succès qu'ait eu un livre, sa vente n'a qu'un temps, et si on ne me laisse pas recueillir ma moisson en punissant les déprédateurs, je n'ai plus grand'chose à attendre de ce côté-là.

Je vous ai prié de vous informer du sieur Vignon, entrepreneur des ponts et chaussées à Versailles, qui m'a prêté 100 livres il y a plus de vingt-cinq ans. Je ne crois pas les lui avoir remboursées. C'est la seule dette dont je me ressouvienne, et que je désire acquitter à lui ou à ses héritiers.

Agréez les assurances d'attachement et de

considération respectueuse avec lesquelles je suis pour la vie,

Monsieur et ancien ami,

Votre, etc.

De Saint-Pierre.

A Paris, ce 9 juin 1786.

Je me porte un peu mieux; mais mes genoux sont toujours un peu faibles. Mes respects à madame Hennin, je vous prie, et ne différez plus à me donner de ses nouvelles et des vôtres.

Faites attention, je vous prie, à la devise de mon cachet.

N° 153.

✽

A MONSIEUR HENNIN.

Monsieur et ancien ami,

J'ai reçu votre triple réponse sur laquelle je vous ferai quelques observations. Vous me dites que M. le contrôleur-général ne m'a point remercié de mon livre parce que je ne lui ai point écrit, je vous assure bien positivement l'avoir fait. Quant à la certitude de la perpétuité de ma gratification de la finance, je doute que jamais je l'obtienne, malgré la bonne volonté de M. Mesnard, tant qu'elle sera assise sur le fonds où elle est, car c'est un fonds de charités annuelles et passagères suivant la lettre même de notification qui les annonce.

Vous êtes surpris que je me sois logé si loin de Versailles, mais étant dans la classe des pauvres je me suis logé dans leur quartier, ne pouvant choisir mon terrain. Le bon marché et la convenance m'ont décidé; d'ailleurs on va abattre mon donjon.

Vous me conseillez de donner une nouvelle forme à mon travail en y ajoutant de nouvelles réflexions, car pour celles que le censeur a retranchées et que vous me dites d'ajouter, vous sentez bien que cela est impossible, puisque le même censeur doit revoir chaque édition, et que si j'en choisissais un autre, il aurait peut-être la fantaisie de retrancher une partie de celles qui sont déjà imprimées. Vous me conseillez donc de faire une encyclopédie. J'en ai présenté le plan et j'en ai amassé les matériaux, mais il s'en faut bien que j'aie comme Aristote ou Pline des secrétaires et des copistes à ma disposition, lorsque je n'ai pas le moyen d'entretenir une servante. Tout ce que je peux espérer maintenant, c'est que la postérité rendra un jour justice à mes travaux parce que la vérité a des droits inaltérables. Il me suffit d'avoir payé amplement mon contingent à mon siècle et de n'en être pas persécuté. Qu'il me laisse à la bonne heure dans la classe des pauvres, j'espère, avec l'aide de Dieu, supporter ma situation comme je l'ai fait depuis tant d'années. D'ailleurs je compte que malgré les contrefaçons je tirerai encore un peu de fruit de mon travail, mais je suis bien surpris que vous me donniez le conseil de vendre l'édition future à mon libraire, puisque si j'avais vendu celle-ci et la précédente je n'en aurais pas reçu le quart de ce qu'elles m'ont rapporté. Vous devez vous rappeler la bonne veuve Hérissant. Voilà ce que la vérité m'oblige de vous répondre. Au reste, je vous envoie un exemplaire pour M. le maréchal de Castries uniquement à cause de l'instance que vous y mettez et comme une marque de déférence pour vous, qui ne dépend que de ma bourse, mais c'est du marroquin perdu. Ce ministre ne fera rien pour moi, parce qu'aucun corps ne s'intéresse à moi, et que mes observations au contraire choquent tous les principes de celui dont il est le chef. Cependant comme

M. le maréchal de Castries répond exactement aux lettres, je lui en adresse une à cette occasion où je lui rappelle les promesses qu'il vous a faites et mes anciens services.

Ma santé va mieux. Les chaleurs m'ont donné de fortes transpirations qui m'ont été favorables, peut-être aussi la joie d'avoir enfin une retraite à moi et l'exercice que me donne la nécessité de la faire arranger. J'espère la rendre digne de vous recevoir dans le courant de septembre. Il ne faudra point de chevaux de poste pour vous y conduire, vous pourrez y venir par le boulevard le plus agréable de Paris près duquel elle est située, à l'entrée de la barrière des Gobelins. A la vérité l'entrée de ma rue est détestable de ce côté-là. La rue même n'est pas pavée, mais peut-être que si mon ouvrage continue à m'attirer des visites considérables, les gens à équipage emploieront leur crédit au moins pour la faire nettoyer.

Enfin quelque part que je sois, et quelle que soit ma situation, soyez persuadé que vous avez en moi un ami sincère qui n'a d'autre reproche à vous faire que votre silence. Je me reprocherais de fatiguer vos yeux si je ne savais que vous avez plus d'un secrétaire. Donnez-moi donc des témoignages fréquens de votre amitié puisque je ne peux en aller chercher moi-même.

Agréez les assurances de l'attachement avec lequel je suis,

Monsieur et ancien ami,

Votre, etc.

De Saint-Pierre.

A Paris, ce 22 juin 1786.

J'ai dans mon petit jardin, un verger, des vignes, etc.; j'en réserve une partie pour y mettre des fleurs. J'espère que vous voudrez bien contribuer à l'embellir en me donnant quelques griffes d'anémone ou de renoncule auxquelles je donnerai votre nom. J'en userai de même à l'égard de quelques autres personnes, et j'aurai, sans sortir de ma solitude, des images agréables de mes amis. J'espère que madame Hennin voudra bien concourir de sa part à embellir mon ermitage, d'abord par des fleurs, ensuite par sa présence.

Vous me dites je ne sais pourquoi : *Vous*

avez toujours une trop mauvaise opinion de ce pays-ci : je ne m'y plains de personne, pas même du silence d'un autre ministre dont vous m'avez fort vanté la bienveillance pour moi, et qui n'a pas daigné répondre à la lettre par où je lui annonçais l'exemplaire que vous lui avez fait remettre. Je ne me plains point non plus des académies. Ce n'est point parce que mon système sur les marées présente des *discussions épineuses*, qu'elles gardent le silence, mais parce que j'ai démontré évidemment qu'elles avaient imbu toute l'Europe d'une erreur fondamentale en prouvant que la terre était aplatie sur ses pôles par une opération qui démontre précisément le contraire; ma preuve a été saisie par tout le monde, tant elle est simple. C'est là la pierre d'achopement qui les empêche d'entrer dans mon jardin. Mais en m'arrêtant dans cette seule partie de mon travail, je vous demande, moi, si le gouvernement, qui a donné tant d'importance à la prétendue découverte de l'aplatissement des pôles, qu'il en a comblé les auteurs d'honneurs et de pensions, ne doit rien à la vérité qui démontre aujourd'hui que cette prétendue découverte est une erreur, et si je ne serais pas fondé à penser que ceux qui distribuent les bienfaits du Roi ont plus que de l'indifférence pour moi.

Je ne parle pas des preuves que j'ai apportées sur la cause des courans et des marées; connaissance, j'ose dire, plus utile à la physique et à la navigation que l'invention des globes aérostatiques, ni de tant d'autres objets renfermés dans un ouvrage où vous m'invitez à faire de nouveaux volumes, sans songer que les études ont épuisé ma santé et ma vie. Toutes ces découvertes se vérifieront un jour, mais je reviens à l'erreur de nos académiciens, et je vous demande, vu l'importance et l'évidence de la chose, si vous me croyez récompensé par des aumônes légères et passagères du Roi, moi qui suis de plus votre ami.

Dès que l'exemplaire sera relié je vous le ferai parvenir.

N° 154.

✱

A MONSIEUR HENNIN.

Monsieur et ancien ami,

Aujourd'hui, mercredi, mon relieur a remis, sous votre adresse, à la messagerie, un exemplaire des Études de la Nature, dont il a acquitté le port. Cet exemplaire est en papier d'Annonay, relié en maroquin et aux armes de M. le maréchal de Castries. Vous en ferez usage en temps et lieu. Cependant je l'annonce à M. le maréchal pour avoir occasion de lui rappeler mes anciens services et la promesse qu'il vous a faite d'une récompense.

J'ai déféré à vos conseils, et c'est tout ce que je me propose dans cette circonstance, car je ne compte sur aucun succès.

Je vous prie d'observer que les dettes que je viens d'acquitter à Berlin et à Pétersbourg montent à près de 2000 livres; ce sont des restes de mes dettes contractées pour mon expédition de Pologne, qui ajoutées aux 100 ducats que je vous devais à cette occasion et à pareille somme, au moins, dépensée de mon argent, font un capital de plus de 4000 livres, que m'a coûté cette échauffourée où j'ai couru risque de ma vie et de ma liberté. Je ne parle pas du reste du voyage avant et après, qui monte à cent pistoles de plus, ni du temps que j'ai employé en France à rédiger mes Mémoires du Nord que j'ai remis à votre département. Pour ces différens services et pour toutes ces dépenses, je jouis depuis un an et demi d'un traitement annuel de 500 livres sur votre caisse littéraire.

Je ne rappelle ces anciennes époques que pour vous dire que ces 500 livres de votre caisse littéraire ne m'ont point été accordées en récompense d'aucune de mes observations sur la nature, puisque M. le comte de Vergennes m'en a gratifié au moment même où je lui ai présenté le livre qui les renfermait et qui lui était encore inconnu.

Je pourrais présenter un calcul semblable au département de la marine. J'ai été payé à l'Ile-de-France à moitié paie des ingénieurs de mon grade et en papier qui perdait 50 pour o/o. Avant de partir j'ai vendu cent louis un petit fief pour faire les frais et équipages de ce long voyage, où je me suis muni de livres et d'instrumens fort chers de mathématique. J'ai vécu d'herbes à l'Ile-de-France pour payer de mes appointemens mes dettes contractées en France à l'occasion de ce service. J'y ai été persécuté par les ingénieurs ordinaires et par le gouverneur. À mon retour j'ai subi une espèce de naufrage qui m'a coûté plus de 1500 livres, dont on ne m'a dédommagé que de la moitié. Mais ces ressouvenirs ne me serviraient aujourd'hui qu'à me rappeler que j'ai épuisé mon faible patrimoine pour servir ma patrie, au milieu de mille travers. La Relation de mon voyage à l'Ile-de-France où je présageais la prise future de Pondichéry n'a servi qu'à me faire des ennemis dans l'administration, quoique je l'eusse remplie de vues utiles à la marine. Vous n'en douterez pas lorsque vous saurez que le ministre a donné une pension de 100 livres à une femme, appelée madame la Victoire, qui allait à la chasse des noirs marrons, et qui n'a été connue du gouvernement que par une esquisse que j'ai donnée de ses mœurs féroces, dans mon Voyage; mais on ne m'a pas pardonné à moi, d'avoir crié contre l'esclavage des nègres, contre la tyrannie des blancs, les malversations des employés, etc., etc., et d'avoir insinué que les épiceries ne réussiraient jamais à l'Ile-de-France attendu la différence du climat où elles ont pris naissance. Cette différence est de dix degrés en latitude et aussi forte selon moi que celle qui existe de Marseille à Varsovie, ou dans telle autre partie du globe du midi au nord, comme je pourrais le prouver par des exemples sans réplique si c'en était le lieu. Je sais bien qu'on envoie de temps en temps de petites branches de gérofliers et de muscadiers à la cour avec leurs fruits, dont les papiers publics vantent la perfection; mais je suis prêt à parier qu'on ne verra jamais une once de ces épiceries dans le commerce, et j'ai déjà pour moi au moins dix ans d'expérience : les arbres à épice ayant été apportés avant 1772 à l'Ile-de-France.

Je n'ai donc éprouvé que des persécutions en tout genre pour mes travaux relatifs à la marine et les vérités que j'ai osé dire. J'ai lieu de croire que l'erreur de nos astronomes que j'ai mise dans un jour évident au sujet de l'aplatissement des pôles, et ma nouvelle théorie des marées appuyée de tant d'observations curieuses et convaincantes, ne produiront pas un meilleur effet pour moi dans un département dont, j'ose dire, j'ai particulièrement bien mérité. Quoi qu'il en soit, je n'ai pas voulu me refuser à cette nouvelle tentative que vous voulez faire en ma faveur. C'est la seule considération qui m'a décidé à envoyer cet exemplaire. Excusez la précipitation avec laquelle j'écris cette lettre, car je suis distrait par mille petits soins à l'occasion de mon acquisition.

Quoique j'aie bien lieu d'être mécontent, je ne le suis point. C'est une astuce de mes prétendus patrons et amis pour se justifier de n'avoir rien fait en ma faveur. Ils disent que je vois *tout en noir*. Cela m'est arrivé quelquefois en pensant à eux, mais ceux que je fréquente, mes écrits et mes mœurs, attestent le contraire.

Je suis avec un sincère attachement et une respectueuse considération,

Monsieur et ancien ami,

Votre, etc.

De Saint-Pierre.

A Paris, ce 28 juin 1786.

N° 155.

❊

A MONSIEUR HENNIN.

Monsieur et ancien ami,

Une lettre de plus de quatre pages écrite de votre main dans le tourbillon des affaires, par une vue qui, dites-vous, commence à baisser, une lettre remplie d'affection, de zèle et de bons offices, mériterait seule que je fisse le voyage de Versailles pour vous aller remercier; mais je suis moi-même affecté d'affaiblissement de vue, de genoux, et de mouvemens spasmodiques qui m'agitent surtout dans le tourbillon du monde. Depuis un an et demi je n'ai pu accepter un dîner en ville; il m'est donc impossible de solliciter quoi que ce soit, même à Paris.

M. le maréchal de Castries s'est déjà fait rendre compte de mes services à l'Ile-de-France, et voici ce qu'il me répondit il y a deux ans passés :

« Versailles, le 13 février 1784.

» Je me suis fait rendre compte, Monsieur, de la demande que vous faites d'une pension de retraite relative au grade dans lequel vous avez servi à l'Ile-de-France. Votre santé ne pouvant supporter le climat des colonies, vous avez renoncé au mois de décembre 1772 à y continuer vos services; cette circonstance ne vous permet plus de prétendre à aucunes grâces militaires, etc. »

En vain je représentai que j'avais été persécuté par le gouverneur et par l'ingénieur en chef des ingénieurs avec lesquels je servais; précisément par rapport à mes travaux particuliers sur l'île dont la relation que j'en avais fait imprimer était un témoignage évident que j'avais été la victime de la jalousie d'un corps et de la malveillance d'un gouverneur, etc. Tout cela a été en vain.

Mes *Études de la Nature* faisant aujourd'hui quelque sensation, je ne doute pas qu'elles ne produisent quelque effet sur l'esprit du ministre et qu'elles ne donnent un certain prix à mes services et à mes malheurs dans la marine; mais pour en recueillir quelque fruit, il me faudrait solliciter plusieurs personnes constamment, et c'est de quoi ma santé me rend aujourd'hui incapable. Je suis bien sensible à l'amitié et à l'estime de M. Dufresne dont je ne me rappelle pas même le nom. M. Blouin avait comme lui l'intention de tirer parti de l'espèce de naufrage que mes effets éprouvèrent à la rade de l'Ile-de-Bourbon, pour m'obtenir une petite pension de la marine. M. de Crémon, alors commissaire ordonnateur à l'Ile-de-Bourbon, écrivit sur cet événement une lettre à M. Blouin pour être montrée au ministre, mais la mort de son ami l'a rendue sans effet. J'avais envoyé un exemplaire de mon Voyage à M. Blouin; il me serait possible de m'en procurer encore un autre et de le faire parvenir à M. Dufresne comme le meilleur Mémoire que je puisse donner sur mes services à l'Ile-de-France, mais si j'espère encore quelque chose à cet égard, c'est uniquement sur votre crédit.

Vous devez me croire lorsque je vous affirme que le secours que j'ai de la finance est sur un fonds de charités annuelles, et n'est pas susceptible d'être mis en pension. Quoique ce fonds soit voilé aux yeux du public, je vous dirai, à vous en particulier, ce qui en est.

Il m'a été accordé d'abord sur un excédant d'un petit fonds de la ferme du port Louis destiné à aider les pauvres familles nobles de Bretagne. Comme le nombre de ces pauvres familles augmente chaque année, mon secours de 1000 livres fut réduit il y a quatre ans à 600 livres. M. Mesnard y suppléa par une autre voie de son département, destiné à de semblables charités. Enfin j'étais au moment de le perdre tout-à-fait, lorsque M. Mesnard le fit rétablir sur un fonds de la loterie royale destiné à de pareils usages.

Toutes les lettres des contrôleurs-généraux qui me les ont annoncées depuis douze ans ont à peu près cette formule :

« Sur le compte, Monsieur, que j'ai rendu au

Roi de vos besoins, Sa Majesté a bien voulu vous comprendre, encore cette année, pour un nouveau secours de 1000 livres, etc. »

Celle de cette année 1786 ajoute, *sur les fonds destinés au soulagement de la pauvre noblesse.*

Vous voyez donc que quand je me suis logé dans le quartier des pauvres, je me suis mis à la place où je suis classé depuis long-temps. Je ne sais si M. de Chamfort connaît des personnes qui s'intéressent à moi et qui craignent pour ma sûreté dans la rue de la Reine-Blanche. Pour moi je n'y crains rien, et tout ce que je demanderais à ces personnes qui me veulent du bien, ce serait de faire nettoyer ma rue; j'ai déjà fait quelques démarches à ce sujet, et on m'a fait espérer que je réussirais, pourvu que je fisse *les frais de la faire paver;* ce qui m'est impossible.

Les réparations de ma petite maison m'occupent beaucoup; je m'y traîne les après-midi pour prendre un peu d'exercice.

J'en ferais bien de même à Versailles, s'il ne s'agissait que d'aller remercier, mais certainement je n'y puis aller solliciter; c'est de mes sollicitations que sont venus mes maux de nerfs; si jamais j'habite ma petite retraite, j'y oublierai ce monde qui m'a si long-temps repoussé et je ferai graver ces mots sur une tuile :

Sit meæ sedes utinam senectæ,
Sit modus lasso maris, et viarum
Militiæque.

Hor.

Agréez les assurances de ma reconnaissance pour vos démarches et de la respectueuse considération avec laquelle je suis,

Monsieur et ancien ami,

Votre, etc.

De Saint-Pierre.

A Paris, ce 8 juillet 1786.

N° 156.

✻

A MONSIEUR HENNIN.

Monsieur et ancien ami,

Une lettre de M. le baron de Breteuil m'a annoncé ces jours-ci une gratification de 600 livres sur le Mercure qui m'a causé une surprise fort agréable, car je ne m'y attendais pas. Comme je me trouvais dans un moment lucide de santé auquel contribuait sans doute cette gratification, j'ai été me présenter hier à l'audience de ce ministre, mais il n'en donnait point. Je lui ai donc fait mes remerciemens par écrit.

J'ai cru, comme mon ancien ami, que vous seriez sensible à cette nouvelle faveur de la Providence, qui m'arrive bien à propos pour réparer et meubler ma maison. J'ai lieu d'espérer que vous ferez améliorer et surtout consolider en pension cette gratification que je vous dois dans l'origine. Je vous prie de m'adresser désormais vos lettres rue de la Reine-Blanche où je compte être établi ces jours-ci. Il y a long-temps que je désire avoir quelqu'un avec moi, car vous n'imaginez pas ce que c'est que d'être à la fois son secrétaire, son cuisinier, son commissionnaire, son architecte et auteur par-dessus le marché. Je suis accablé de lettres et de visites qui m'arrivent de tous côtés.

L'honnêteté m'oblige d'y répondre jusqu'à ce que j'aie choisi pour ma société les personnes qui me conviennent. Il y en a de toutes les conditions, gens de lettres, avocats, notaires, conseillers, médecins, ecclésiastiques, marquis, militaires et même des dames. Parmi ces visites, celles, sans doute, qui me seraient les plus agréables seraient la vôtre et celle de madame Hennin. Ne manquez pas de m'apporter alors, vous une fleur et madame une pierre. Si vous engagez chacun de vos amis à m'en donner une, je ne doute pas que je n'aie de quoi orner mon jardin et paver ma rue, car vous avez des amis dans tous les climats et vous méritez l'un et l'autre d'en avoir. J'espère cependant, quand je serai arrangé, vous aller voir le premier à Versailles, et ce sera, s'il plaît à Dieu, en septembre, le mois de l'année le plus favorable à ma santé ; car la fraîcheur de l'automne donne du ton à mes nerfs. En attendant conservez-moi votre amitié et agréez les assurances de la mienne, ainsi que de la considération respectueuse avec laquelle j'ai l'honneur d'être,

Monsieur et ancien ami,

Votre, etc.

DE SAINT-PIERRE.

A Paris, ce 18 juillet 1786.

Rue de la Reine-Blanche, barrière des Gobelins.

Une lettre de Marseille m'apprend qu'une jeune comtesse de Forbin s'occupe à traduire en italien mes Études de la Nature.

Comme je crois que M. Robinet a contribué à ma gratification, je vous prie de lui faire mes remerciemens.

N° 157.

✻

A MONSIEUR HENNIN.

Monsieur et ancien ami,

Un de vos amis, M. le chevalier Richard, s'est donné la peine de passer chez moi inutilement deux fois; il ne m'a trouvé qu'à la troisième. Il m'a témoigné beaucoup d'empressement à me servir; il m'a fait donner parole de l'avertir quand j'irai vous voir à Versailles, désirant m'y accompagner.

Je suis dans ce moment fort embarrassé d'ouvriers, d'ameublemens, de visites journalières, de lettres à répondre qui m'arrivent de tous côtés à l'occasion de mon ouvrage. J'ai de plus tout mon argent chez moi, et je voudrais avoir payé le propriétaire de ma maison qui y demeure encore, et qui attend que mon contrat soit sorti du sceau où il est à présent. Une difficulté plus grande vient de ma santé qui, depuis un an et demi, ne m'a pas permis d'accepter un dîner en ville; je mange à midi, et j'use d'un régime particulier. J'ai refusé constamment les invitations réitérées de monseigneur l'archevêque d'Aix qui s'occupe avec un zèle infatigable à me rendre service. Il m'a appris que madame la comtesse de Grammont et madame la comtesse de Chabannes, avec lesquelles il voulait me faire dîner, m'avaient obtenu une gratification de mille livres de M. le contrôleur-général; elles l'ont sollicitée depuis plus d'un an sans que j'en susse rien. Dans le désir que j'avais de remercier des dames si obligeantes, je me suis rendu, dimanche après midi, chez M. l'archevêque d'Aix où ces dames, qui m'attendaient, m'ont comblé d'amitiés, d'éloges, de caresses. Elles m'ont dit qu'elles avaient parole que cette gratification serait mise en pension l'année prochaine.

Voilà les services que j'aime, et les seuls que je puisse accepter maintenant. Si vous croyez que ceux que me rendra M. Dufresne soient de la même nature, j'irai à Versailles lui remettre un petit Mémoire de mes services ; mais s'il faut aller et venir de bureaux en bureaux, écrire sans cesse de nouveaux Mémoires, et ne recevoir, après bien du temps, qu'un dur refus du ministre, ainsi qu'il m'est arrivé, il vaut mieux que je reste chez moi où la fortune vient me trouver, comme vous voyez, puisqu'il n'y a pas un seul bienfait du Roi dont je jouisse que j'aie sollicité.

Cependant, si en effet la Providence m'ouvre une porte par la voie de M. Dufresne, je ne refuse pas de m'y présenter, d'autant que j'en ai ouï parler comme d'une personne d'un rare mérite. Toutefois je croirais raisonnable de lui adresser un petit Mémoire de mes services dans les colonies avant d'aller le voir à Versailles ; et, dans le cas où vous approuveriez ce préambule, je vous prie de me mander l'adresse et les qualités de M. Dufresne, et les objets sur lesquels je peux motiver mes demandes. L'espèce de naufrage que j'éprouvai à mon retour, et sur lequel vous me conseillez d'appuyer, me paraît une circonstance peu importante. Il me semble que la relation même de mon voyage et ma théorie des marées, adoptée aujourd'hui par la Sorbonne et par un professeur de philosophie du collége de Lisieux, M. Le Loup, sont des sujets plus propres à m'attirer les grâces du département de la marine.

Au nom de Dieu, ayez égard à ma santé; épargnez-moi des pas inutiles; j'en ferais beaucoup pour vous aller voir, pour aller remercier vos amis, mais aucuns pour les solliciter.

En attendant que j'aie le plaisir de vous embrasser, agréez les assurances de l'amitié et de la considération respectueuse avec laquelle j'ai l'honneur d'être,

Monsieur et ancien ami,

Votre, etc.

De Saint-Pierre.

A Paris, ce 6 septembre 1786.

Je ne sais si je vous ai mandé que j'ai reçu une lettre fort obligeante du prince royal de

Prusse à l'occasion de mon ouvrage que j'ai eu l'honneur de lui envoyer par la voie d'un ami intime que j'ai auprès de lui; si vous êtes curieux de la voir, je vous l'enverrai lorsque monseigneur l'archevêque d'Aix, qui me l'a demandée, me l'aura rendue. Je n'ai encore été que deux fois chez ce prélat depuis un an et demi, et je ne suis en correspondance avec lui que depuis trois semaines; mais je puis vous assurer que si j'allais seulement une fois chez les personnes qui me font l'honneur de me vouloir du bien, et si je répondais deux fois à leurs lettres, je n'aurais pas le temps de manger.

On m'a assuré qu'il s'était débité pour plus de soixante mille francs de contrefaçons de mon ouvrage, surtout dans les provinces méridionales; jusqu'ici on ne m'a point encore rendu justice sur ce point.

N° 158.

A MONSIEUR HENNIN.

Monsieur et ancien ami,

J'ai fait un *quiproquo*, mais à quelque chose malheur est bon. J'aurai, à cette occasion, une deuxième lettre de vous, plus des oignons d'hyacinthe. Je vous promets en retour, quand mon parterre sera en plein rapport, des caïeux de très-belles tulipes qu'une aimable dame résidant à Paris m'a envoyés, mais en trop petit nombre pour les partager; d'ailleurs ils sont plantés. Celle qui m'a fait présent des hyacinthes m'est inconnue quant à sa personne, mais son nom et l'état de son mari est très-connu en Normandie où il occupe une charge considérable dans la robe. L'un et l'autre m'ont invité à bien des reprises d'aller passer quelque temps à leur terre près de Louviers, c'est ce que ma santé et le besoin de m'arranger ne m'ont pas permis de faire. Je vous prie, sans conséquence pour l'avenir, de contre-signer l'incluse que je lui renvoie, ne doutant pas qu'elle ne me renvoie la vôtre franche de port, suivant sa coutume. Vous mettrez, s'il vous plaît, cette adresse : *A madame de Bois-Guilbert, en son hôtel, rue des Jacobins, à Rouen.*

Je ne disputerai pas avec vous sur le nombre des lettres que j'écris, mais cette occupation n'est qu'un hors-d'œuvre pour moi, car mon travail littéraire remplit une bonne partie de mon temps. Je suis occupé à rassembler de nouveaux faits et de nouvelles preuves sur la cause des marées, et j'en ai trouvé un si grand nombre qui s'assortissent si bien à ma théorie, que je ne suis embarrassé que de choisir. Les trois voyages de Cook suffisent seuls pour convaincre, à cet égard, les plus incrédules.

J'ai été voir madame la princesse Labomiska, sur la proposition qu'elle m'avait faite par écrit de venir chez moi ; madame la comtesse de Genlis m'en avait déjà parlé. J'ai donc été chez cette dame qui ensuite est venue me voir. J'ai été très-sensible à son accueil, à ses tendres ressouvenirs, surtout à celui de son père qui lui a fait verser bien des larmes. Ces ressouvenirs m'ont aussi rappelé les miens et les amitiés que j'ai reçues de sa famille, ce qui m'a engagé à faire relier en maroquin un exemplaire de mes *Études* que je lui remettrai incessamment.

Pour vous, mon respectable ami, vous vous occupez donc toujours de ma fortune. J'étais bien décidé à ne plus faire aucune demande à la marine, mais j'ai cru devoir vous donner cette marque de déférence sur l'idée que je me suis formée de M. Dufresne. Je lui ai donc écrit sur-le-champ, conformément à vos instructions, et j'ai joint à ma lettre une grande lettre au ministre qui contient à peu près l'histoire de mes services et de mes pertes aux colonies.

M. Dufresne en fera l'usage qui lui paraîtra convenable. Ce qu'il y a de certain, c'est que je ne ferai pas d'autre démarche, sinon de l'aller remercier.

J'ai perdu bien du temps et du papier pour faire réparer ma rue. Il y aurait trop de vanité à moi de vous dire le nombre de personnes considérables qui s'en sont mêlées d'abord d'elles-mêmes, et qui ensuite m'y ont entraîné. M. de la Millière, intendant du pavé de Paris, et M. le lieutenant de police, se sont renvoyé réciproquement l'affaire. Quand j'ai vu que j'allais être balotté à mon ordinaire, je suis rentré chez moi bien résolu d'y être tranquille. Cependant une dame me dit hier que cette affaire ne regardait que le bureau des finances, qu'il fallait lui adresser une requête sur laquelle le chef de ce bureau ordonnera la réparation de cette rue aux frais des propriétaires riverains. Or, comme il s'agit ici de payer, ce pourrait bien être le vrai moyen de réussir. En conséquence, je vais encore entamer cette veine, charmé, quoique pauvre, de contribuer de ma bourse au bien public; tout cela, toutefois, sans sortir de chez moi.

Vous me faites un joli compliment en me disant que si chacun de mes lecteurs m'apportait une pierre, il y en aurait de quoi paver ma rue. Je serai bien content si on n'en jette point dans mon jardin, ce qui pourra arriver lorsqu'il sera prouvé que j'ai raison.

En attendant, souvenez-vous que vous avez un ami dans une rue de Varsovie, car elle est aussi mal en ordre, ainsi que je le faisais observer à la princesse Labomiska.

Je me recommande au souvenir de madame Hennin, et j'attends avec une tendre impatience les fleurs qui doivent porter son nom dans mon parterre.

Je vous souhaite, ainsi qu'à elle, une bonne santé dans tout le cours de l'année où nous allons entrer. Sans la santé les plaisirs mêmes sont des peines.

Agréez, pour la deuxième fois, les vœux que je fais pour votre prospérité.

Je suis avec un vrai attachement et une respectueuse considération,

Monsieur et ancien ami,

Votre, etc.

De Saint-Pierre.

A Paris, ce 29 décembre 1786.

Je viens de mander à madame de Bois-Guilbert de vous envoyer directement votre lettre et même la réponse à la mienne.

N° 159.

✹

A MONSIEUR HENNIN.

Monsieur et ancien ami,

Voilà mon affaire remise en négociation. Je ne sais quel est ce M. de Vaine dont il s'agit ici, mais si c'était celui qui a été premier commis des finances sous M. Turgot, l'ami intime de d'Alembert, et par contre-coup mon ennemi, je n'ai rien à attendre de la marine. Quel qu'il soit, il m'est impossible de le solliciter. En écrivant à M. Dufresne, j'ai voulu vous donner une marque de déférence, et ne pas repousser un crédit qui m'était offert avec tant d'ardeur et de probabilité de succès. J'ai donc envoyé un Mémoire historique de mes services aux colonies, tel à peu près qu'il a été présenté au ministre, et refusé. Je n'en resterai pas moins obligé à M. Dufresne de sa démarche; c'est ce qui m'est déjà arrivé avec M. Blouin, M. de Crémon, mademoiselle de Crémon, et, dans beaucoup d'autres affaires, avec une infinité de personnes. Je me suis trouvé toute ma vie accablé de ces sortes de reconnaissance, et n'en suis pas resté moins misérable.

Quoi qu'il arrive, je suis bien résolu à me renfermer dans la petite sphère où je me suis circonscrit. Ne me donnez donc plus le titre d'*ingénieur de la marine* auquel j'ai renoncé ainsi qu'à tout autre qui dépend des hommes, ne voulant garder que celui que j'ai apporté en venant au monde, et avec lequel je serai toute ma vie,

Monsieur et ancien ami,

Votre, etc.

DE SAINT-PIERRE.

A Paris, ce 31 décembre 1786.

… … … … … … … … … … … … … … … … … … … …

N.° 160.

✻

A MONSIEUR HENNIN.

A Paris, ce 26 décembre 1786.

Monsieur et ancien ami,

Vous n'avez point répondu à ma dernière écrite il y a plus de deux mois. Il est vrai que je m'étais proposé le plaisir de vous aller voir, mais j'ai été retenu dans ma petite maison par le soin de son arrangement qui n'est pas encore fini, par la nouveauté de ma domestique que je ne pouvais laisser seule, et enfin par l'état de ma santé qui ne m'a pas permis depuis plus de dix-huit mois de m'écarter de mon régime en acceptant un repas en ville. Sans doute ce régime m'a forcé à des privations sensibles, mais il a réparé ma santé sans médecine et sans médecin. Si elle continue à se fortifier, je compte bien vers les beaux jours aller vous voir à pied, suivant mon ancienne coutume. En attendant, songez que vous avez un carrosse, et que je suis dans le voisinage du Jardin du Roi où vous allez quelquefois.

Ma fortune a augmenté d'une gratification de 1000 livres que j'ai placée dans l'emprunt des 30 millions, afin d'ouvrir à la fortune les deux battans de ma porte. J'ai besoin d'un surcroît de revenu pour arranger et meubler ma petite maison qui me revient déjà avec le jardin à près de 10,000 livres. Quant aux complimens, j'en ai à revendre et j'ai dans mes cartons plus de 180 lettres de personnes de tout sexe et de toute condition, la plupart inconnues, ce qui me jette dans une correspondance à laquelle je ne peux suffire. Il y en a cependant de trop agréables pour que je les néglige. Telles sont madame la comtesse de Genlis qui m'est venue voir avec les enfans de

M. le duc d'Orléans ; madame la comtesse de Grammont ; madame la comtesse de Chabannes qui remue ciel et terre pour me rendre service ; enfin madame la princesse Labomiska qui compte aussi venir me voir dans mon ermitage. Je ne vous cite que des dames, non par vanité, mais pour vous faire voir que j'ai déjà dans mon parti la portion la plus aimable du genre humain. Ainsi peu m'importe le silence de vos académies qui ne manqueront pas de louer mes opinions lorsqu'il y aura des pensions attachées pour les professer. En attendant, la vérité, quelque lumineuse qu'elle soit, est nulle pour elles ainsi que pour le commun des hommes. Cependant les étrangers commencent à me rendre justice. M. Thouin l'aîné me dit il y a deux mois qu'un M. Smith, membre de la société royale de Londres, lui avait assuré que ma théorie des marées se faisait beaucoup de partisans en Angleterre. Ce qu'il y a de certain, c'est que la vente de ma deuxième édition a un cours très-rapide, il y en a plus de douze cents de vendus.

Je vous parle beaucoup trop de moi, parlons de vous. Comment va votre santé, celle de madame, de votre aimable enfant ? Embellissez-vous votre jardin? J'ai remué le mien d'un bout à l'autre. Il y a trois petits carrés, le premier de fleurs, le second de légumes, le troisième d'arbres fruitiers. Je mets dans mon carré de fleurs toutes celles que me donnent mes amis, et je leur ferai porter leurs noms. Si vous avez quelque anémone commune à me donner, je l'y planterai et je la rendrai recommandable en lui donnant votre nom. C'est une sorte de fleur que j'aime beaucoup, et dont je n'ai encore reçu aucune espèce, quoiqu'on m'ait envoyé toutes sortes de plantes et de fort loin.

J'écris à M. le comte de Vergennes pour la nouvelle année. J'aurais bien désiré l'aller saluer, mais je me figure à cette époque une foule innombrable de toutes conditions; d'ailleurs ma santé et la mauvaise saison me retiennent ici. J'évite partout la foule, il suffit que ma lettre y soit confondue. J'espère que celle que je vous adresse n'aura pas le même sort, et que vous recevrez avec autant de plaisir des marques de mon souvenir que j'en aurai à recevoir des témoignages du vôtre.

C'est dans cette espérance que je suis avec

un sincère attachement et une respectueuse considération,

Monsieur et ancien ami,

Votre, etc.

De Saint-Pierre.

Ce 1er janvier 1787.

Voici votre lettre revenue du château de Pinteville près Louvin.

Hier, veille du jour de l'an, j'ai reçu une lettre de M. le marquis du Crest, chancelier de M. le duc d'Orléans, qui m'annonce que S. A. R. m'a compris pour une somme annuelle de 800 livres dans l'état des pensions qu'elle fait à un certain nombre de gens de lettres, savans, etc., et que la demi-année de cette pension qui court depuis le 1er juillet m'est échue le 31 décembre dernier, etc....

Voilà une pension qui m'arrive de la grâce de Dieu sans que je l'aie sollicitée en aucune manière. Voyez s'il ne fait pas meilleur pour moi, de me fier à la Providence qu'aux hommes.

Cependant je compte toujours, sinon sur les événemens, du moins sur votre ancienne et loyale amitié.

N° 161.

A MONSIEUR HENNIN.

Monsieur et ancien ami,

En vérité si j'avais eu l'honneur d'être consulté par Sa Majesté sur la personne de ma connaissance que je croyais la plus propre à être secrétaire de l'assemblée des notables, je vous aurais désigné. Vous méritez cette place, et par vos lumières, et par votre probité. Si tous les notables sont aussi bien choisis, il résultera des choses utiles au peuple, de leur assemblée. Cependant quelques bons réglemens qu'il s'y fasse, si j'ose dire mon avis particulier, ils n'auront point d'effet durable, si on ne change l'éducation nationale. Quoi qu'il en arrive, le seul projet d'assembler les notables pour les consulter sur le bien public sera un monument de la rectitude et de la bonté de notre monarque. Il a fait son devoir, c'est maintenant à ceux qu'il appelle à faire le leur, à vous d'en tenir registre, et à moi ainsi que tous ceux qui sont dans la foule à souscrire à vos délibérations.

Vous m'avez tiré d'erreur au sujet d'un nom sur lequel je m'étais mépris. Votre crédit qui augmente fera sans doute pencher la balance de M. le maréchal du côté de M. de Vêvre. J'attends que vous meniez cette négociation à bonne fin. Si je m'en mêlais, elle me fondrait dans la main comme toutes celles de ce genre que j'ai voulu conduire; j'espère donc que sous votre direction elle ne tardera pas à s'achever, et que je mettrai ce morceau de pain bénit avec ceux que la Providence m'a envoyés. Souvenez-vous aussi que madame Hennin m'a promis des fleurs, qu'elles doivent porter son nom dans mon parterre et que voilà le temps de les planter.

Agréez ainsi qu'elle les assurances de l'attachement et de la considération respectueuse avec lesquels j'ai l'honneur d'être,

Monsieur et ancien ami,

Votre, etc.

De Saint-Pierre.

A Paris, ce 23 janvier 1787.

Quoique je n'aie pas l'honneur d'être secrétaire de l'assemblée des notables, je suis accablé de lettres et de visites. Vous voulez donc toujours me donner le titre d'ingénieur de la marine? Vous savez pourtant bien que je ne suis rien, et que si j'avais désiré d'être quelque chose, ce ne serait sûrement pas cela.

Nota. M. le comte de Vergennes, que j'honore beaucoup, n'a pas encore répondu à ma lettre du jour de l'an.

N° 162.

A MONSIEUR HENNIN.

A Paris, ce 12 février 1787.

Monsieur et ancien ami,

Vous m'avez mandé, il y a déjà pas mal de temps, que MM. de Vêvre et Dufresne étaient en contestation sur le plus ou le moins de pension qu'ils devaient me fixer sur la marine, le premier la déterminant à cinq cents livres, le second la voulant moindre. Est-ce que ces messieurs se seraient accordés à ne m'en point faire du tout, ou que M. le maréchal de Castries n'aurait point agréé leur bonne volonté pour moi, ou que la banqueroute de M. de James, que je crois trésorier de la marine, l'aurait rendue sans effet pour le présent? Je vous prie de me tirer de cette inquiétude. Vous ne m'avez pas donné des espérances aussi prochaines et aussi sûres pour me les ôter aussitôt. Songez de plus que vous m'avez promis, de votre part et de celle de madame Hennin, des fleurs qui doivent porter vos noms dans mon parterre, et que voilà le moment de les planter. Toutes ces promesses intéressent également l'agrément et le revenu de mon ermitage, où j'espère bien vous recevoir aux beaux jours, quoique vous soyez *notable entre les notables*, puisque vous êtes secrétaire de leur assemblée. Cette dernière considération, qui va vous interdire toute correspondance avec vos amis solitaires, m'oblige à vous prier de finir mes deux affaires avant l'ouverture de cette assemblée.

Agréez les assurances du sincère attachement et de la respectueuse considération avec lesquels je suis,

Monsieur et ancien ami,

Votre, etc.

De Saint-Pierre.

Donnez-moi des nouvelles de votre santé. La mienne est un peu améliorée; cependant j'ai depuis deux mois un rhumatisme sur le bras gauche, et ma vue s'affaiblit de temps en temps.

Malgré l'indifférence de la marine, je me suis fort occupé à mettre en ordre les nouvelles preuves de ma nouvelle théorie sur les courans et marées, qui se fait des partisans de jour en jour. Entre autres complimens que j'ai reçus à ce sujet, en vers et en prose, voici une petite pièce de vers qui m'a été envoyée par M. Thérèze, avocat au conseil, avec le portrait de la grenadille très-joliment peint par son épouse, d'après mademoiselle Basseporte. Il y a sans doute bien de la vanité à moi de vous envoyer un éloge de mon ouvrage, mais, les louanges à part, ces vers m'ont paru bien faits et renfermer un aperçu de tout mon ouvrage. Quoi qu'il en soit, je vous prie de me les renvoyer bien exactement, car je n'en ai pas de copie. Je peux encore compter entre les partisans de ma théorie qui ont bien voulu se faire connaître de moi, un poëte jadis fameux, M. Robé, dont on m'a fait parvenir une lettre en prose qui brûle le papier. Mon édition s'écoule rapidement; il ne m'en reste plus que six cent cinquante exemplaires.

FIN DU TOME SECOND.

TABLE

DU DEUXIÈME VOLUME.

※

Lettres 71. — A M. Hennin. — Il rassemble les matériaux des Études de la Nature.	1
72. — A M. Hennin. — Il regrette de ne pouvoir payer une voiture pour aller à Versailles.	6
73. — A M. Hennin. — Il s'afflige de son silence et de son abandon.	10
74. — A M. Hennin. — But de ses études.	12
75. — A M. Hennin. — Il l'engage à faire la paix de l'Europe.	15
76. — A M. Hennin. — Il lui parle d'une lettre apologétique à M. Necker.	18
77. — A M. Hennin. — Il rappelle ses services en Pologne.	20
78. — A M. Hennin. — Il lui redemande ses Mémoires sur le Nord.	25

Lettres 79. — A M. Hennin. — On lui conseille de publier le Mémoire à M. de Vergennes. 27

80. — A M. Hennin. — Le temps s'écoule, sa vie s'avance, et il n'a rien. 29

81. — A M. Hennin. — Il demande un emploi honnête qui lui donne de quoi vivre. 33

82. — A M. Hennin. — Comment il renonça à l'amitié de M. Necker. 35

83. — A M. Hennin. 38

84. — A M. Hennin. — Il refuse une gratification de 300 livres accordée par M. de Vergennes, après trois ans de réclamation. 40

85. — A M. Hennin. — Cause de son refus. 42

86. — A M. Hennin. — Il accepte comme un bienfait honorable du roi, ce qu'il a refusé comme un secours du ministre. 48

87. — A M. Hennin. — Il rappelle son séjour en Russie. 54

88. — A M. Hennin. — Les 300 liv. de M. de Vergennes lui ôtent le sommeil. Il va voir son frère et s'afflige de l'excès de sa folie. 57

89. — A M. Hennin. 60

90. — A. M. Hennin. — De ses plans, de son logement rue Neuve-St.-Étienne. 62

Lettres 91. — A M. Hennin. Il suit le conseil de
Boileau, en revoyant son ouvrage. 66
92. — A M. Hennin. — Tourment que lui
donne son frère. 70
93. — A M. Hennin. — Tableau de sa situation. — Souvenirs de Pologne. 74
94. — A M. Hennin. — Souvenirs de Pologne. 79
95. — A M. Hennin. — Il commence à mettre en ordre les matériaux des Études de la Nature. 85
96. — A M. Hennin. — Il rappelle ses services et les dettes contractées en Pologne pour le service du roi. 88
97. — A M. Hennin. — Lettre du jour de l'an. 93
98. — A M. Hennin. — Détail sur les Études de la Nature. Il embrasse dans son plan les recherches de nos plaisirs dans la nature, et celles de nos maux dans la société. — Histoire de Dutailly et de Dominique. 95
99. — A M. Hennin. — Il paie ses dettes. 100
100. — A M. Hennin. — Il travaille aux Études de la Nature. 103
101. — A M. Hennin. — Son frère est libre. Il perd sa gratification. 106
102. — Réponse de M. Hennin. 108
103. — A M. Hennin. — Visite à son frère. Sentiment que lui inspire le triste état de sa raison. 110

Lettres 104. — A M. Hennin. — Autre visite à son frère. 118

105. — A M. Hennin. — Réclamation en faveur de son frère. 122

106. — A M. Hennin. — Il demande un censeur qui croie en Dieu. 125

107. — A M. Hennin. — Sa santé est altérée par l'excès du travail. 128

108. — A M. Hennin. — Excès de son malheur. Le travail le console. 131

109. — A M. Hennin. — Détails intéressans sur la composition des Études de la Nature. 136

110. — A M. Hennin. — Situation déplorable de son frère. Il porte le manuscrit des Études à M. Sage, son censeur. 141

111. — A M. Hennin. — Il se tire des mains de ses deux censeurs. Éloge que le censeur théologien fait des Études de la Nature. 146

112. — A M. Hennin. — Il se décide à imprimer à ses frais. 150

113. — A M. Hennin. — Il développe ses motifs pour faire imprimer à ses frais. 154

114. — A M. Hennin. — Détails sur le même sujet. 161

115. — A M. Hennin. — *Idem.* 166

116. — A M. Hennin. — Il confie son ouvrage aux presses de M. Didot. 169

Lettres 117. — A M. Hennin. — On commence l'impression. 175

118. — A M. Hennin. — Tous ses vœux se bornent à la jouissance d'un jardin qui soit à lui. 178

119. — A M. Hennin. — M. le maréchal de Castries souscrit pour cent exemplaires des Études. 184

120. — A M. Hennin. — Révision des épreuves. 189

121. — A M. Hennin. — *Idem.* 193

122. — A M. Hennin. — Il songe à son malheureux frère. 196

123. — Réponse de M. Hennin. 199

124. — A M. Hennin. — Nouvelles réclamations pour son frère. 201

125. — A M. Hennin. — Espérance de succès. 205

126. — A M. Hennin. — Anecdote sur Rulhière. 209

127. — A M. Hennin. — L'Année littéraire annonce les Études. 213

128. — A M. Hennin. — Les ministres se souviennent de lui. 216

129. — A M. Hennin. — Succès des Études. 219

130. — A M. Hennin. — On l'accable de lettres d'éloges. 221

131. — De M. Bloin. 224

132. — A M. Hennin. — On contrefait les Études à Genève. 226

Lettres 133. — A M. Hennin. — Dieu bénit son travail. Son livre fait sensation dans le clergé. 229

134. — A M. Hennin. — Sa santé s'altère. Relations avec l'archevêque d'Aix. Hommages qu'il reçoit dans sa solitude. 233

135. — A M. Hennin. — On cite son ouvrage dans les thèses en Sorbonne. Il refuse de solliciter une pension du clergé. 237

136. — A M. Hennin. — Découverte d'Herschel qui appuie le système des marées. 241

137. — A M. Hennin. — Il sollicite les ministres pour son frère. Accueil qu'il en reçoit. 244

138. — A M. Hennin. — Pension sur le Mercure. Il motive son refus sur la manière dont elle lui est offerte. Il ne reconnaît pour bienfaits du roi que ceux qui lui sont directement adressés par les ministres. 249

139. — A M. Hennin. — Il se justifie d'avoir refusé la pension du Mercure, parce qu'elle lui était présentée par un libraire, et non par le ministre. 255

140. — A M. Hennin. — Il se plaint du baron de Breteuil. 261

Lettres 141. — A M. Hennin. — Son désintéressement. Il écrit à M. de Breteuil par le conseil de M. Hennin. La Providence lui envoie M. Mesnard. 267

142. — A M. Hennin. — M. de Breteuil lui annonce la gratification sur le Mercure. Entrevue avec son frère Dutailly. 271

143. — A M. Hennin. — Il obtient pour son frère une retraite à l'Ile-Bouchard. Il refuse de solliciter une pension du clergé. 275

144. — A M. Hennin. — Dieu bénit son travail. 280

145. — A M. Hennin. — Détails sur la seconde édition des Études. La reine cite son ouvrage. Nombreuses lettres qu'il reçoit. Il songe à acquitter ses dettes. Lettre de M. Guys. 284

146. — A M. Hennin. — Il acquitte ses dettes de Russie. 289

147. — A M. Hennin. — Il est à la fois son commissionnaire, son pourvoyeur, son cuisinier, son valet de chambre et son secrétaire. Les contrefaçons le ruinent. 292

148. — A M. Hennin. — Son ami Taubenheim refuse de reconnaître sa créance. Il est accablé de visites. 297

Lettres 149. — A M. Hennin. — Sa santé s'affaiblit. Maux de nerfs. Il publie sa seconde édition. Ce qu'elle renferme de nouveau. 301

150. — A M. Hennin. — Inquiétude sur son existence. Les contrefacteurs publient une édition des Études augmentée de leur façon. 304

151. — A M. Hennin. — Il s'acquitte avec le prince d'Olgorouki. Il se rappelle une dette de 100 livres contractée il y a vingt-quatre ans. 308

152. — A M. Hennin. — Nouvelles de Duval. Il achète une petite maison rue de la Reine-Blanche. M. Vidaud de la Tour fait vendre, au profit de la chambre syndicale, les contrefaçons des Études de la nature. 313

153. — A M. Hennin. — On lui conseille de faire une Encyclopédie comme Aristote et Pline. 318

154. — A M. Hennin. — Souvenirs de l'Ile-de-France. Le gouvernement fait une pension à une femme qui allait à la chasse des noirs. 325

155. — A M. Hennin. — Vains efforts pour obtenir une pension de la marine. Secours de 1000 livr. Formule de ce secours. 331

Lettres 156. — A M. Hennin. — Il demande des fleurs pour orner son jardin. 337

157. — A M. Hennin. — Nombreuses lettres qu'on lui adresse à l'occasion de son ouvrage. Il croit devoir y répondre. Visite à l'archevêque d'Aix. Il refuse de solliciter les membres de l'assemblée du clergé. Lettre du prince Henri de Prusse. 340

158. — A M. Hennin. — Il s'occupe à rassembler de nouveaux faits sur les courans et la théorie des marées. Il donne aux fleurs de son jardin les noms de ses amis. 345

159. — A M. Hennin. — Sollicitations inutiles. 351

160. — A M. Hennin. — Visite de madame de Genlis. Pension donnée par le duc d'Orléans. 353

161. — A M. Hennin. — Assemblée des notables. 359

162. — A M. Hennin. — Il demande des fleurs. Lettre du poëte Robé. 362

FIN DE LA TABLE DU DEUXIÈME VOLUME.

www.ingramcontent.com/pod-product-compliance
Lightning Source LLC
Chambersburg PA
CBHW070456170426
43201CB00010B/1359